2016年度国家社科基金重大项目"孔子学院跨文化传播与管理研究"资助（项目号：16ZDA221）

[孔子学院故事系列]

# 文化传播使者

孔子学院教师故事

安然 刘程 主编

华南理工大学出版社

·广州·

图书在版编目（CIP）数据

文化传播使者：孔子学院教师故事/安然，刘程主编． —广州：华南理工大学出版社，2017.10

（孔子学院故事系列）

ISBN 978-7-5623-5288-4

Ⅰ.①文… Ⅱ.①安… ②刘… Ⅲ.①汉语－对外汉语教学－教师－生平事迹－世界 Ⅳ.① K815.46

中国版本图书馆 CIP 数据核字（2017）第 109532 号

文化传播使者：孔子学院教师故事

安 然 刘 程 主编

出 版 人：卢家明
出版发行：华南理工大学出版社
（广州五山华南理工大学17号楼，邮编510640）
http://www.scutpress.com.cn  E-mail: scutc13@scut.edu.cn
营销部电话：020-87113487 87111048（传真）
策划编辑：吴翠微
责任编辑：吴翠微
印 刷 者：广州市骏迪印务有限公司
开   本：787mm×960mm 1/16 印张：9.75 字数：140千
版   次：2017年10月第1版 2017年10月第1次印刷
印   数：1~2000册
定   价：42.00元

版权所有 盗版必究　　印装差错 负责调换

# 总　序

截至 2016 年底，孔子学院总部 / 国家汉办已在 140 个国家建立了 513 所孔子学院和 1073 个孔子课堂，各类学员达 210 万人，各类文化活动受众 1300 万人，成为中外文明交流互鉴的"架桥人"和世界认识中国、中国与各国深化友谊和合作的重要窗口。作为中外合作共建的非营利性教育机构，世界各国各地区的孔子学院结合所在大学或机构的发展战略，因地制宜，开展丰富多彩的汉语教学和中国文化活动，办学规模日益扩大，办学质量逐步提升，办学特色日趋明显，成为迄今为止"中国最好最妙的出口产品"，受到世界各国各地民众的普遍欢迎，汉语教师和汉语教师志愿者也被外国友人亲切地称为"民间大使"。孔子学院不但是各国民众学习汉语、了解中国文化、理解当代中国的重要场所，也是中国、中国人、中国文化与社会走向世界、与世界对话交流的综合平台，孔子学院的公共外交功用将愈发凸显。

华南理工大学分别和英国兰卡斯特大学，美国爱达荷大学，德国奥迪集团、英戈尔施塔特市政府、英戈尔施塔特工业技术大学合作共建了 3 所孔子学院。华南理工大学－英国兰卡斯特大学孔子学院成立于 2011 年，开设汉语辅修专业，汉语与中国文化学分课程和非学分课程。通用汉语课程和商务汉语课程为语言类学分课程，大学 9 个本科专业和 1 个硕士专业已经将汉语纳入其课程计划，"中国文化与社会"是全校本科选修学分课程，下设 2 个孔子课堂，在 Blackpool（黑池）中文学校设立了 1 个教学点。2015 年，该孔子学院参赛选手康可同学获得第十四届"汉语桥"世界大学生中文比赛亚军，并在 2015 年英国孔子学院 / 孔子课堂年会开幕仪式上为习近平主席朗诵诗词《念奴娇·追思焦裕禄》。华南理工大学－美国爱达荷大学孔子学院成立于 2013 年，面向全校在校学生开设汉语、中国武术和中国地理文化学分课程。为所在大学教职员工开设汉语非学分课程，并将汉语课程和中国文化活动延伸到当地中小学校、社区、企业等，并设有 5 个教学点。该孔子学院正在筹建爱达荷州历史上第一个中文专业。2015 年 9—11 月举办的"中国花灯展"吸引了约 60 000 名游客观赏。

华南理工大学－德国奥迪英戈尔施塔特孔子学院于2016年6月在北京孔子学院总部/国家汉办举行签字仪式，这是全球第一所由著名跨国企业参与投资建设的孔子学院，开启了创办孔子学院的新模式。该孔子学院已开设汉语学分课程和社区汉语课程。

2014年，华南理工大学获批广东省人文社科国际创新平台"公共外交与跨文化传播研究基地"。作为广东省第一家公共外交研究机构，基地主要关注孔子学院、公共外交、来华留学教育管理等方面的研究，致力于通过科学研究、人才培养和社会服务来满足国家发展对公共外交与跨文化传播能力的需求。基地的研究人员来自中国、美国、英国、澳大利亚、瑞典等，学术背景涵盖传播学、社会学、教育学、语言学、文学和管理学等，在相关领域积淀了丰厚的研究成果。基地的孔子学院研究团队从2008年开始就致力于孔子学院研究，2010年起至今发表孔子学院研究论文20余篇。已出版孔子学院研究专著3部，其中专著《孔子学院传播研究》为国内外第一部孔子学院传播研究专著；《孔子学院中方人员跨文化适应能力研究》对西方跨文化适应理论进行了延伸和拓展，从个体生活适应能力、组织内沟通协调能力、对外语言教学能力等三个维度建构孔子学院中方人员跨文化适应能力模型；《孔子学院跨文化传播影响力研究》从阴阳视角对孔子学院跨文化传播影响力进行了理论阐述，并从自我和他者形象出发，建构孔子学院跨文化传播影响力维度及测量指标。团队还获批2016年度国家社科基金重大项目"孔子学院跨文化传播与管理研究"，这是孔子学院研究的最高级别项目，也是孔子学院研究的重大突破，研究成果势必受到国内外相关学者们的高度关注。我们还承担国家社科一般基金项目2个，分别是笔者2012年度的"孔子学院跨文化传播影响力研究"（国家社科基金第一次资助孔子学院研究，已结项）、刘程教授2015年度的"西方主流媒体关于孔子学院负面报道的新闻话语研究"。与此同时，我们承担了教育部规划基金项目1个，即"孔子学院中方教师的跨文化适应和传播能力研究"。笔者指导的泰国籍留学生Thoranit Lilasetthakul（中文名：林德成）的硕士论文《赴泰汉语志愿者跨文化适应研究》获2011年度"广东省优秀硕士学位论文"。

本丛书之一的《问答孔子学院》是国内外第一部有关孔子学院的科普性书籍，是华南理工大学刘程教授根据自己多年在孔子学院一线工作的经历和经验，以包括他自己在内的团队的孔子学院研究为基础，辅以教学心得和日常孔子学院工作的体会写就的，非常必要，也非常及时，应时应景。这本书采用一问一答的形式，回答了海内外民众、媒体和学界非常关心的一些问题，如孔子学院的基本构成、海内外机构承办孔子学院的动因及其各自的职能、孔子学院的运作机制、孔子学院的分布、孔子学院的类型、海内外对孔子学院的批评、孔子学院的公共外交功用等等，也为孔子学院发展提出了一些有针对性的建议。该书内容活泼轻巧，语言幽默风趣、言简意赅，层次分明，逻辑清晰，不"自说自话"，与读者的互动性强。既有亲历的故事，又有理论的支撑；既不回避尖锐的问题，又能把问题阐释得简单明了，令人信服。

本丛书中的《文化传播使者：孔子学院教师故事》《文化传播使者：孔子学院院长故事》展示了孔子学院汉语教师、汉语教师志愿者、中外方院长的风采，在国内外也属首次。书中的故事都是汉语教师、汉语教师志愿者、中外方院长亲身经历的，可读性非常强，趣味性也高，同时充满异域风情。每个故事均配有高质量的图片，增加了视觉效果和趣味性。书中有关孔子学院的材料，可作为后续孔子学院研究的素材，也可作为汉语国际教育与传播的参考；有关跨文化适应与传播方面的素材，对跨文化传播和管理研究有一定的助益。因此，这两本书具有较高的研究史料价值。

我始终认为，从事公共外交与跨文化传播工作，既要"上得厅堂"，也要"下得厨房"，既要"阳春白雪"，也要"下里巴人"。"孔子学院故事"系列书很好地实践了"跨文化传播"和"公共外交"的理念，为向海内外民众说明一个真实的孔子学院做了很好的尝试和努力。对于想了解孔子学院基本情况的读者来说，系列书非常值得一读，我乐于向大家推荐。

**国家社科基金重大项目"孔子学院跨文化传播与管理研究"首席专家**
**广东省公共外交与跨文化传播研究基地主任**

安然

2017年2月28日

# 目 录

在改变中前行　陈洪　/1

兰卡斯特小城故事多　陈潇　/9

往事并不如烟
　　——英国兰卡斯特大学孔子学院汉语教学札记　成瑶　/14

"一带一路"上的这一束光
　　——记孟加拉国达卡大学孔子学院中方院长周铭东　崔爱辉　/21

他乡·故乡　崔珺熠　/25

白雪春风花满路　黄爱平　/36

万水千山走遍　李嘉欣　/41

开拓者
　　——钢铁是怎样炼成的　李凌云　/48

我的故事　李雪莲　/52

热爱　刘剑　/56

冬去春来　刘曦芬　/62

我的学生"毕业"了　刘正红　/69

**梦想在远方**　吕剑虹　　　/ 77

**有一种留恋叫曾经在孔子学院工作过**　唐飞燕　　/ 84

**那些人儿**　唐淑慧　/ 90

**我与孔子学院**　田婧　/ 99

**莫斯科——你的名字是爱**　许红豆　/ 104

**我的志愿者生活**　杨健俭　/ 109

**我的志愿者生活**
　　——至于秋，经过冬，迎来春　杨洲绿　　/ 113

**你好！兰卡斯特大学孔子学院**　张雷　/ 119

**不虚此行**
　　——记在孔子学院工作生活的日子　张琳琳　　/ 126

**享受文化差异**　张双　/ 133

**怀着感恩的心继续前行**　赵建楠　　/ 139

**在路上，在孔子学院的路上**　周丹　　/ 143

# 在改变中前行

*文化传播使者 — 孔子学院教师故事*

陈洪

美国爱达荷大学孔子学院汉语教师

爱达荷大学之秋

## 引言

时光荏苒,岁月匆匆,犹如白驹过隙。从 2015 年 9 月 10 日踏上美国爱达荷州的美丽小镇莫斯科市的土地算起,还没来得及仔细品味这个美国小镇春夏秋冬之神韵,十七个月的时间就已经在不经意间悄然流逝。回顾过去一年多在美国爱达荷大学孔子学院的工作和生活,心中涌起了各种滋味,既有兴奋和喜悦,也有焦虑和委屈。学英语、教英语出身的我第一次当上了汉语老师,教一批批肤色不同、国籍不同、年龄不同、性格迥异的外国人学中文。这个转变让我有些始料不及。因此,我想从个人的教学、文化活动的组织以及孔子学院的日常管理等方面谈谈我个人的体会、感想和建议,也就当是对这段丰富多彩的生活的回顾和梳理,以时刻提醒自己谨记在余下的任期中发挥自己的长处,克服弱点,更好地完成孔子学院的工作。

## 教学

作为孔子学院的外派汉语教师,最重要的本职工作就是汉语教学。过去的一年,是我任教二十多年来教学任务最为复杂、教学对象最为多样性的一年。自加入爱达荷大学孔子学院以来，我教过各个年龄段的学生，其年龄跨度非常大，从三四岁的学龄前儿童、懵懂呆萌的小学生、青春无敌的中学生、风华正茂的大学生、成熟理性的中年精英，到年逾古稀的社区群众。面对这多样的教学对象，作为老师的我不得不在保质保量完成教学任务的前提下，想方设法满足学生的个性化需求。

对于学龄前儿童和小学生，我会把大量的时间花在教学的组织和管理上，想尽办法准备合适有效的教具，从开发和吸引孩子们的兴趣和注意力上下功夫，让他们在轻松愉快的氛围中感受和体会中国语言与文化的魅力，并从中学会一些基础的汉语词汇和表达方式。

Gateway 小学中文夏令营

对于学习能力不断增强的中学生和大学生，语言教学不能仅仅停留在字词层面，必须帮助学生提高对于句子和篇章的理解和领悟能力，从而把语言学习中的被动学习变为主动习得。我认为要更好地实现这一目标，一个行之有效的办法是给学生补充适合其理解能力的阅读材料，让学生在阅读中提高其语言敏感度，从而增强其语言学习动机，提高语言习得效果。

对于学习目的极为明确的社区群众和短训对象，要针对其特定需求开展教学。成人学生学习语言的先天条件自然无法和儿童相提并论，他们记忆衰退、时间短缺、母语迁移严重、可塑性较差。然而，他们也有儿童无法比拟的优势，如动机明确、目标清晰、理解能力强、语法学习中具有一定的融会贯通能力。对于这样的学生，在教学内容和教学进展中我都做了针对性的调整。在社区和短训班学生中，有人只是因为工作或个人原因要去中国短期访问,有人是因为家人中有华裔血统的成员,有人因为工作原因要定期到中国出差或者公务旅行。他们学习汉语的目的不尽相同,学习动机和态度也很不一样,自然地,学习的效果也因人而异。所以,

大学本科生的中国新年书法秀

我必须对学生的情况了如指掌,以便优化课堂教学内容,提高教学效果。通过有针对性的教学,收到了良好的效果。每当听到学生对我说,"老师,我喜欢上你的课!""You are the best teacher."或者"老师,我们不想换老师",我心中都会感慨万千,为自己不断改变,并在不断改变中努力提高点赞!

但是,据我所知,大多数孔子学院汉语教师面临着与我相似的情况,承担着繁重的任务,超负荷地在工作;不仅课堂教学课时多,还要从事大量的其他文化活动,并承担相当多的事务性工作。上课时间也很灵活,比如傍晚、周末等,这无疑会影响到师生的教学积极性和教学效果。而且,课时课型繁多,教学对象多样化,这都增加了备课和教学的难度,也让大多数老师疲于工作,鲜有时间对教材和教法进行更有效的甄选鉴别和打磨推敲。这无疑在一定程度上影响了教学效果。

## 文化活动

自加入孔子学院以来,我一直不遗余力地参与到所在孔子学院的各项文化活动中,希望能助力孔子学院各项活动的顺利开展。我们孔子学院的文化活动可以分为常规活动、临时性活动和应景性活动。

### 常规活动

爱达荷大学孔子学院的常规活动主要有三个大项，分别为"China on the Palouse"和"China in the Treasure Valley"讲座、中国电影之夜以及中国美食俱乐部。

到孔子学院工作以来，我参与了爱达荷大学孔子学院举办的每次常规活动，组织和聆听了每一次讲座；不仅努力帮助在孔子学院学习汉语课程的学生更多更好地了解中国的文化、

聆听早期爱达荷华人历史讲座的观众

历史与现实，也努力吸引更多的其他没有选修汉语课程的学生和当地民众加入到学习汉语、了解中国的行列中来。作为组织者或参与者，我自己也受益颇多，有些讲座给我留下了深刻的印象。比如，我在博伊西（Boise）校区亲自组织和筹备的两场关于早期华人在爱达荷州及美国西北地区的历史与贡献的讲座，大大增长了我对早期美国华裔劳工对当时的美国经济和社会发展所做出的贡献的认识，也增强了我做好当前孔子学院的文化传播与交流使者的责任意识。还记得当听完爱达荷大学英语系主任关于中国环境保护与治理的生态文学方面的研究报告后，我抑制不住自己的感慨发了这样一条微信朋友圈："走出报告厅后，看到外面的一派碧空如洗、层林尽染，实在太应景了，于是忍不住想到我们每个人是不是都应该为祖国的生态环境的保护和治理做点儿什么，才不至于让自己和子孙后代总在羡慕别人家的蓝天白云、碧水青山、花开花落、云卷云舒，抱怨自己祖国日复一日的雾霾、忧虑自己和家人的健康安全中速速终老！"

我们每月一次的中国电影之夜已经成为孔子学院在当地的一张文化名片，为当地社区民众提供了一项了解中国的免费福利。在莫斯科校区，

我尽量参与该活动，利用这一机会与观众攀谈，向他们介绍宣传孔子学院的各项工作和服务宗旨，并及时协助担任电影现场主讲的同事回答一些观众关心的问题，为他们释疑解惑。在博伊西校区，我负责挑选和放映了多部电影，无论是介绍中国教师的鼻祖的《孔子》，或是介绍中国功夫的《一代宗师》，还是介绍中国人民不屈不挠的抗战精神的《黄河绝恋》等，都受到了当地观众的热烈追捧和由衷的喜爱。电影之夜为当地民众了解中国历史文化和社稷民生开启了一扇方便之门，让他们以喜闻乐见的方式，在轻松愉快的氛围中了解中国，了解中国人，了解与中国有关的方方面面。

放映并讲解电影《一代宗师》

中华餐饮举世闻名。在地球上，但凡有人的地方，一定会有中国人；有中国人的地方，就会有中国的美食。所以，爱达荷大学孔子学院的中国美食俱乐部无论是在莫斯科校区还是在博伊西校区都常常是座无虚席，食客众多。每次美食俱乐部举办活动，我也都尽量参加，并尽力而为。

## 临时活动

在过去的一年里，爱达荷大学孔子学院组织接待、主办或协办了多项文化推广和传播活动。其中包括两次协办斯波坎中国灯展，接待苏州大学东吴艺术团巡回演出，接待华南理工大学艺术学院赴美演出以及主办或协办华人中秋晚会、春节晚会等。这些活动我个人只是作为参与者

2015年9月斯波坎灯展

苏州大学东吴艺术团演出代表合影

帮助做些力所能及的事情。

　　我重点负责的临时文化活动主要有：中国残疾人女画家秦百兰女士赴美孔子学院巡回展览博伊西站的接待与组织，作为爱达荷孔子学院主要的协办方组织了2016年博伊西华人春晚，参与了"爱达荷世界文化村节"和多次利用博伊西农民市场宣传孔子学院，以及全程参与Gateway语言文化学校暑期中文夏令营的教学等。

担任秦百兰画展现场翻译

博伊西世界文化村表演

组织和参与这些文化活动，大大增加了孔子学院的影响力，让更多当地民众有机会直接、直观地了解中国以及中国人。我坚信：每一个在海外的中国人，都是一张活生生的中国名片，都是中国人这个群体的一个缩影。在每一个尚未去过中国、尚未来得及了解真实的中国的外国人心目中，我们是什么样，中国人就是什么样，中国就是什么样。而且，孔子学院开展的很多活动也成了当地民众了解中国的最便捷、最经济、最真实的渠道。每到传统的中国节日甚至是当地的各种节日，有些当地民众都会期盼孔子学院带给他们不同的体验和感受。比如，我的美国邻居总会好奇地问我，"在中国有'万圣节''圣诞节'吗？你们怎么过'万圣节''圣诞节'？""我听说'中国春节会拥挤到发生踩踏事故，这是真的吗？'"诸如此类的问题层出不穷，只有当我们耐心地回答并解释这些问题的时候，他们才可能更多地了解真实的中国，以及更多地了解普通中国人的真实生活状态，而了解是建立相互信任的基础。无论从个人层面还是国家民族的层面上，了解、沟通都是建立相互信任、平等和谐关系的基础。

　　当然，沟通总是相互的、双向的。我们的耐心和坚持也换来了美国朋友的理解和帮助。爱达荷大学孔子学院在莫斯科、博伊西和科达伦都有了一批非常忠实的"粉丝"，他们会积极宣传并参与孔子学院的活动。他们的积极参与使得孔子学院的活动有了"众人拾柴火焰高"的效果。无论是帮助宣传孔子学院，参加孔子学院各项活动，还是开车带我们去买一次菜，帮我们在雪天里推一把深陷积雪中的车，他们的热心相助都会令我们这些身处异乡的游子在这个极度寒冷的冬天里不再那么想念广州的温暖！

## 孔子学院的日常管理

　　行文至此，我还想就我过去一年多的经历，谈谈我对我们孔子学院在日常管理方面的一点肤浅的个人看法。爱达荷大学孔子学院发展很快，短短三年多时间，学院教职员工就从当初的两名院长、一名教师发展到今天有两名院长、十几名汉语教师和志愿者。同时，办学点也从当年的爱达荷大学本部发展到了莫斯科市的大中小学，并辐射到了州府博伊西市社区和中小学以及邻近的科达伦市和普斯特佛市的中学，并有望在附近的路易斯顿市开设社区及中小学课程。除此之外，我们的教学对象也从大学本科生扩展到从幼儿园、小学、初中、高中到社区、短训等各个年龄层次的群体。

乍一看，发展形势相当喜人，但是，身在其中的我们却不时因各种问题焦虑不堪。首先，孔子学院的师资良莠不齐，虽都经过层层选拔考核、汉办培训等岗前准备，但并非所有人都能在授课过程中认真负责、得心应手。其次，正如本文前面所言，很多教师在繁重的教学任务和频繁的文化活动的双重压力之下，很难有时间和精力对教学及教材等进行充分的打磨推敲、甄选鉴别，所以有时候倍感煎熬、疲于应对。再次，孔子学院的教师和志愿者聘用机制本身固有的问题也给孔子学院的日常工作和管理带来了不利影响。教师的两年任期和志愿者的一年任期无疑都给耗时的语言教学工作带来了不稳定因素。

## 结语

冬去春来，随着时光流逝，我的归期也在不断临近。每每想到这日益逼近的返程之日，心中总会掠过很多的不舍和依恋！过去一年多在孔子学院的工作，注定将是我职业生涯中极为重要的一页。虽然，在这短短一年多的经历中，有过欢笑与泪水，有过欣慰与愤怒，也有过骄傲与委屈。但是，每当回望过去一年多的生活时，我心中充满了感激：感谢给予我帮助和关心的各位领导和同事，特别感谢薛荷仙院长对我一如既往的理解、支持与包容；感谢给予我帮助和鼓励的我的学生们，你们的鼓励和认可是我不断努力和前行的不竭动力；感谢给予我理解和支持的家人，尤其感谢一直陪伴我并给予我巨大勇气的我年幼的儿子。所有你们给予的帮助、支持和鼓励都在不断地鞭策着我于改变中前行，让我在美丽的小城博伊西和莫斯科不断成长并遇见更好的自己！

# 兰卡斯特小城故事多

## 陈潇
**英国兰卡斯特大学孔子学院志愿者**

飞得更高（在孔子学院前）

我叫陈潇，华南理工大学外国语学院2016届毕业生。经过华南理工大学的推荐，孔子学院总部/国家汉办的遴选、培训与派出，我于2015年6月抵达英国西北部小城兰卡斯特市，开始了为期一年的汉语教师志愿者工作，传播汉语和宣传中华文化。

### 启程与遐想

2015年6月19日凌晨，我怀着激动而又忐忑的心情，与另外一名志愿者一起，在广州白云机场坐上了飞往另一个陌生国度的航班。我安静地望着窗外的广州城，凝重大气，华灯闪烁，随着飞行高度不断增加，城市的轮廓渐渐化作一枚星斑消失在夜幕里，我的思绪纷飞。英国，高度发达的资本主义国家，17世纪首先完成工业革命，成为世界强国；18世纪到20世纪初期，英国建立起跨越七大洲的日不落帝国。这会是怎样的一个国家？应该是遍地的摩天大楼，随处可见的豪车，人们穿着也很时尚吧。18个小时的长途飞行并没有让人觉得漫长，飞机上充满异域风情的飞机餐是适应异国他乡生活的开始。飞机落地的一刹那，我心潮澎湃。如果说生命是一段旅程的话，我想，这一段旅程不仅是我期待已久的，也一定是我一生中最有意义的。

## 初见兰卡斯特小城

走出曼彻斯特机场，接机师傅早已等候在那里。从曼彻斯特到兰卡斯特大约40分钟车程，车子驰骋在公路上，我好奇地打量着这个陌生的地方。蔚蓝的天空上点缀着棉花糖般可爱的云彩，公路两旁星星点点地散落着些低层建筑，没有建筑物的地方就是大片大片的草地和正在吃草的牛羊，一派欣欣向荣的乡村景象。想象中的高度发达的资本主义国家场景呢？摩天大楼呢？豪车呢？时尚的人们呢？在这里生活过才知道，英国就是一个大农村，除了伦敦、曼彻斯特等几个大城市外，大多数地方都是这种田野牧歌的样子，让你总能寻到一份心灵的宁静。蓝天、白云、草地、牛羊，也总是让你百看不厌。

我生活的小城兰卡斯特位于英格兰西北部，简称兰卡。城市不大，城中心更小，用我们老师的话来说就是还没有华南理工大学门前的五山广场大。小城很古老，建筑多为石砌，有着上百年历史。英国历史上著名的红白玫瑰战役就发生在这里。房东告诉我，在这里，人们偏爱历史悠久的房子，价格因此也更高。城郊有一所英国排名前十的大学——兰卡斯特大学，小城里人们从事的职业多数与大学有关。因此，这个小城的文明程度非常高。兰卡的天气很具英国特色——糟糕，这也说明了为什么英国人见面喜欢聊天气。在这里，一年只有两种天气，冬季和"大约在冬季"。快七月了，我依然穿着三件衣服，房间也照样开着暖气。

## 在兰卡斯特大学孔子学院工作的日子

我的工作内容主要分为三大类：第一，汉语教学；第二，协助中外方院长、孔子学院经理完成活动策划、网站管理、品牌建设、撰写新闻稿等行政事务；第三，组织各类中国文化活动。

在华南理工大学校领导、国际教育学院安然院长和刘程副院长的大

中国文化日——走进小学

力支持下，在兰卡斯特大学孔子学院中方院长张凤春、外方院长沈伟的带领下，我与各位老师齐心协力，举办了多场文化宣传活动，在当地影响巨大，深受当地民众的好评。

兰卡斯特大学孔子学院分别在兰卡斯特市立图书馆和布莱克浦（Blackpool）市立图书馆举办了两场中国文化日活动，让更多的市民有

兰卡斯特市立图书馆开放日活动

布莱克浦（Blackpool）市立图书馆开放日活动

机会体验中国文化、感受中国历史和文明的悠久。

兰卡斯特大学孔子学院与当地华人协会一起走进兰卡市区举办"迎新春"庆祝活动，并举办舞狮、表演扇子舞和中国功夫等活动，当地群众和华人华侨也积极参与到活动中，感受这浓浓的春节气息。

"迎新春"庆祝活动

由英国西北部五家孔子学院联合主办的"第四届英格兰西北部孔子学院龙舟赛"在利物浦艾伯特码头（Albert Dock）举行。

孔子学院龙舟赛

2016年5月24日，兰卡斯特大学孔子学院举办"中英/中欧学术科研论坛"，为研究中国以及从事中欧或者中英之间的科研合作，提供了直接有效的帮助。

"中英/中欧学术科研论坛"现场

## 经历了灾难你便无所畏惧

2015年12月,英格兰西北部和苏格兰局部地区经历了百年不遇的洪水。洪水导致火车停运,汽车站被淹,发电站被淹,兰卡全城停电、断网四天。超市、商店全关了,甚至银行也关了,连自动取款机都黑屏了,为数不多的公用电话亭排起了长队,整个镇子近乎瘫痪。大学发来通知,提前放假一周,学校有发往普林斯顿和曼彻斯特的通勤大巴,留在学校的学生必须住到学校的临时安置点,有免费的被褥、救济餐发放。

**借着烛光的晚餐**

停电的那几天,我们体验了一下"原始人"的生活,也挺有意思的。人类在大自然面前是渺小的,在异国他乡经历了这些灾难之后,我最大的成长就是对工作、生活中的一切困难、险阻不再畏惧,不再轻易屈服。灾难让人成长,灾难让人无所畏惧,灾难让人懂得爱与生命的价值,灾难让人与人更加团结一心。

## 结束语

我留恋那里风趣幽默的学生,亲似一家人的房东,还有给过我无数帮助和鼓励的同事。我还留恋那里好喝的牛奶,生机勃勃的图书馆以及和蔼可亲的人们。大学的时候,我在参观宋庆龄故居时看到墙上写的一句话"假如一切重新来过,我还是愿意同样地生活"。当时我在想,等我到了垂暮之年,是否也有魄力说出这样的话。但对于在英国担任汉语教师志愿者的这段经历,我可以很确定地说:假如一切重新来过,我还是会选择成为一名传播中华文化的使者,让我的人生充满意义,与众不同。

# 往事并不如烟

## ——英国兰卡斯特大学孔子学院汉语教学札记

成瑶

英国兰卡斯特大学孔子学院汉语教师

为兰卡斯特大学孔子学院汉语非学分课授课

回国两年多了,往事并不如烟。英国西北小镇兰卡斯特的风情、兰卡斯特大学孔子学院的 Round House、风中徐徐吹动的孔子学院标志如同徐悲鸿画笔下的马,仍在我心中奔腾,难以忘却。作为这所孔子学院的首任汉语教师,我想梳理一下两年的海外教学经历,供新教师参考。

## 挑战

两年孔子学院的任教生涯是面临一个个挑战并不断克服的过程。

2012年1月底,下午4点天已快黑,兰卡斯特大学校园内,阴冷潮湿,万木凋零,绿草却如茵,在现代化的回廊里逆风而行,对于即将开始第一次的异邦汉语教学课程,我有点忐忑,有点激动。脑海中回想起到任几天的一幕幕:两天之前观摩了刘程院长的汉语课,发现学生的反应和教学法与国内的差不多,而拿到教学材料备课才知道何处是挑战——教学内容是自编的讲义,一边编写一边上课,而且所有的文字必须配有拼音，所有的课件和板书材料必须全是拼音，准备两节课，备课恐怕是三到四倍的时间，幸亏刘程院长已经编写了三课的内容，使得我有时间编写后边的内容。终于开始上课了，已练就快速而正确用拼音板书的能力，学生提问倒是围绕着课堂内容，配合也十分默契，近两个小时的课，不知不觉就过去了。教授孔子学院的非学分课，最大的挑战是没有现成的教材，必须自己动手改编，内容要因地制宜，贴近当地生活，讲义的拼音和英文翻译要反复确认，不能有纰漏。编写讲义时，我尽量多征求英国同事的意见和反馈，了解英国人的感受和文化差异，比如英国人的爱好、英国人去中餐厅时怎样点餐等。非常感谢英国同事Colette Webb女士和刘程院长的热情帮助！我们孔子学院虽然是只有三个人的小团队，但却非常团结而和谐，让初到异国他乡的我不再感到孤独无助。

在孔子学院任教一个星期后，又有了新任务：为管理学院MBA学生进行行前培训，他们几个月后将去中国留学。依旧是没有大纲，没有教材，网上也没任何资料，只能自己编写，管理学院的学生都是"人精"，按英国人的说法是aggressive and arrogant，我再次感到了一丝压力。第一次课我准备了基本的汉语知识和一些文化知识。课程结束已是星期五晚上8点，管理学院大楼一片漆黑，整个校园也非常安静，一种恐惧袭上心头，我赶紧跑回了公寓。第二次课，按时到达管理学院，可一个人影都没有，等了近1个小时，心里五味杂陈：学生不满意我的教学？自己记错了时间？后来一个路过的学生告诉我他们有重要考试，因为行前培训是免费的，于是他们都去准备考试了。第二天孔子学院与管理学院沟通后，学生的反馈是培训内容很好，他们也满意老师的教学，只是因为忙于考试而缺勤。第三次上课，

与学生在兰卡斯特大学管理学院MBA行前培训课堂

学生送来了巧克力和鲜花表示歉意。每次课后我都与学生交流他们需要了解的内容，在下次上课时就调整补充。管理学院的行前培训我上了三次，一次比一次效果好。

真正的挑战来自于学分课的教学。2012年10月，兰卡斯特大学孔子学院与语言学系开始汉语学分课授课。还记得在8月一个凉爽的夏日，第一次见到了学分课负责人肖忠华老师，他披着长发，颇有艺术家气质，温和地微笑着。当他详细介绍了学分课的大纲和授课方式后，我当时是无法接受的，内心甚至是排斥的。使用的教材为刘珣主编的《新实用汉语课本》，这是一本综合课教材，按国内的模式就是只有一位老师主讲。但按兰卡斯特大学的课程计划是四门课用一本教材的同一内容，包括一门语法、一门听力课、一门口语课、一门读写课，并由三个老师分别授课。我教授的口语课，紧随语法和听力之后，每周两小时。但问题是学生只经过了一个小时的语法讲解练习，并且隔天后才上口语课，很多语法点已经遗忘。口语课必须承担起讲练语法的

为兰卡斯特大学孔子学院汉语学分课授课

任务，同时在有限的时间内要完成口语的任务，突出课型特点，不能拖延教学进度。国内的汉语综合课、口语课、听力课都是相对独立的，几乎没有共用一本教材、反复使用同一内容的先例，也没有语法与练习割裂的授课模式。但是英国大学的课程管理很严格而机械化，缺乏弹性，即使发现课程模式的不合理，也不能轻易改变，学期末必须达成目标。第一个学期的学分课授课，面临教学模式的不适应、个别学生的缺勤多、与新同事的配合不甚默契等问题，真是有点儿"teaching shock"（教学震荡），本来我具有国内多年的对外汉语教学经验，上课已经得心应手，

却感觉到似乎在戴着镣铐跳舞，尽管最终顺利完成了，但舞姿没有那么优美。

积累了一定海外教学经验后，我开始代表孔子学院教授汉语体验课，比如兰卡斯特大学开放日汉语学分课宣讲会、汉语非学分课体验课、孔子学院开放日成人汉语体验课等。2012年10月经过孔子学院总部/国家汉办英国总部选拔后，我代表英国汉语教师参加了伦敦语言展（London Language Show）并教授体验课（Taster Lesson），当时课堂气氛活跃，参与者反响热烈，顺利完成了任务。

在伦敦语言展上示范课

如何在有限的时间内、有限的条件下吸引学生学习汉语的兴趣颇有难度，对老师的教学能力是一种考验，正是因为在孔子学院工作，让我经受这样的考验，从而使我获得了进一步提升的机会。

## 适应

面临不断的挑战，难免焦虑，焦虑是因为对这份职业的敬畏感，也是因为一种使命感。我是如何克服的呢？

首先，本着虚心学习的态度，多次向刘程院长和肖忠华老师请教如何适应海外的教学特点（教学时间有限、教学任务重、学生遗忘快的情况）。很感谢他们的无私帮助，使我在第二年再次教授汉语学分课

与兰卡斯特大学欧洲语言学系的法语教师合影

时十分顺利，渐入佳境，并且开始指导新教师教授汉语学分课。

其次，进一步提高理论素养。兰卡斯特大学语言学系排名世界前十，针对硕士开设了一些语言课程，经过协调，我旁听了一个学期的第二语言教学法课程，并且参加了第二语言习得的讨论小组，了解到了最新的语言习得理论和研究成果，有些理论是可以运用到教学中的。

最后，在工作过程中，结识语言教学的同行，特别是欧洲语言学系的德语教师、法语教师、西班牙语教师，交流第二语言教学的心得，并且旁听了法语教师的课程。旁听法语教师的课程，不但学习了一些方法，而且增强了信心，因为她在教授初级法语课时全程使用的是法语指令，学生配合得十分默契，而我的汉语课时，也是同样的教学法，说明这种教学法是行得通的。反观英国同行的汉语课课堂使用英语的不在少数，我曾经迷惑过。与西班牙语教师交流时，他也强调教授西班牙语，他大多数时间是使用西班牙语而非英语。我感觉到终于在教学法方面找到了志同道合者，"于我心有戚戚焉"。每当与优雅风趣的法语教师谈学生、谈教学时，我都如沐春风。每当与热情睿智的西班牙语教师探讨两种语言文化差异时，我都开怀大笑。每当在校园里遇到熟人微笑、寒暄时，我都觉得自己已经融入了兰卡斯特的校园。

## 收获

作为汉语教师，最大的收获是什么？是学生汉语水平的提高，学生的认可。刚到英国时觉得英国人对人是礼貌而冷淡的，人际的疏离令我很不适应，特别怀念国内留学生与老师那种轻松而和谐的关系。随着时间的推移，我逐渐发现大部分英国学生外冷内热，他们只是害羞，不习惯表达

与获汉语演讲比赛铜奖的毕爱文同学合影

英国学生的感谢卡

感情。2013年谢菲尔德大学孔子学院举行第一届英国汉语演讲比赛，张凤春院长积极鼓励英国学生毕爱文参赛，我作为辅导老师辅导了他四次，毕爱文参赛取得了铜奖并获得南京大学奖学金。这次比赛首次展示了兰卡斯特大学孔子学院的实力，我以学生取得的成绩为荣。当2013年底我告知老师和学生们即将期满回国时，有的老师送来小礼物，有的老师请我喝咖啡，有的学生送了卡片。汉语学分课的学生无不惋惜地说：我最喜欢的老师要走了，真可惜！很难得听到英国学生这样直接地表达感情。那段时间，我心中万般不舍，也突然发觉自己早已喜欢上了礼貌、克制、好学的英国学生。2014年回国后，我教过的学生中，有两名在兰卡斯特大学孔子学院学习过的学生来华南理工大学留学半年，再次见到他们时我感慨万千，就像见到了久违的老朋友。能通过自己的影响让学生更加深入学习汉语、了解中华文化，这是孔子学院教师的责任之一。

## 分享

初到英国不适应，不断地接受新挑战，慢慢地克服了困难。半年后开始有了新任务：培训当地汉语教师。作为有十几年教龄的汉语教师，我也曾经培训过国内的汉语教师，但是培训英国本土汉语教师还是第一次，而且手头缺乏资料。没有条件只能创造条件，拟好培训方案后，数次征求刘程院长意见，听取经验，确定方案并备课。终于在2012年6月开始了兰卡斯特大学孔子学院第一次的当地汉语教师培训，虽然只有短短的两天，对于很多新教师，他们感到颇有收获；有几个本科是对外汉语专业的年轻教师，课后激动地与我交流，他们的认可令我非常欣慰。坦率地说，开始刘程院长让我培训当地教师时，我觉得繁忙的工作压力很大,资源又很缺乏,感觉力不从心,但当最终收获了宝贵的经验和信心时,我由衷地感谢刘程院长"推"了我一把。2013年8月肖忠华老师策划了兰卡斯特大学汉语教学工作坊,作为五个主讲教师之一,我讲授了"新汉语教师注意事项",

代表孔子学院总部 / 国家汉办为英国本土教师培训

参加工作坊的汉语教师有的来自于英国不同的著名大学,有的是本土汉语教师,他们对活动评价非常高,我深深地感到自豪:能将自己的汉语教学经验传播出去,为培训当地汉语教师尽一分绵薄之力。2014年7月,我作为汉语选拔的培训专家,再次去兰卡斯特大学孔子学院为本土汉语教师培训时,培训方案、案例更加成熟了。当培训结束时,本土教师兴奋而满意的表情,对我来说是莫大的鼓舞!

从事汉语国际推广事业,其实就是不断走出舒适圈、不断面临挑战、不断适应、不断进步的过程。当回首这一段经历时,我可以骄傲地说:我去过孔子学院,我克服过挑战,我成长了!

兰卡斯特大学校园的 Woodland Trail

# "一带一路"上的这一束光

## ——记孟加拉国达卡大学孔子学院中方院长周铭东

<small>文化传播使者 / 孔子学院教师故事</small>

### 崔爱辉

孟加拉国达卡大学孔子学院公派教师

周铭东院长

随着"一带一路"不断地推向前进,"一带一路"的成效已在沿线国家释放出了较大的活力,在这条路上,作为中国与世界各国的友好结晶和重要文化交流平台,孔子学院无疑是一股强劲的文化力量,增进了中国与沿线各国人民的人文交流和文明互鉴,而数以万计在孔子学院工作的汉语教师们就成了沟通中国和海外的文化交流使者,这其中,就有达卡大学孔子学院中方院长周铭东为孔子学院发展、为中孟两国文化交流日夜忙碌的身影。

周铭东院长与孟加拉有着较深的渊源,她曾于2009年到2014年间担任孟加拉国南北大学孔子学院的中方院长。在五年的任期里,南北大学孔子学院各项工作均取得了长足的发展,她提出了具有创意性的学院主题"中国之窗",与外方共同制定孔子学院五年规划,提出了教学本土化、中心模式化、文化融合化和拓展多元化的创新设想和实施方案,在总部的支持下，建立了中国研究中心、中国文化体验中心，成立了图书馆、阅览室、档案室、活动室、多媒体设备语言室等，建立了汉语国际教育实习基地。在她的带领下，学院汉语教学业绩突出，注册人数成倍增加，还开设了高层军官学校（BUP）、孟加拉企业管理人员、东航本土管理人员等汉语培训班，建立了多种形式的合作交流关系，影响辐射孟加拉全国。优秀的汉语教学成果和卓越的拓展工作成效，受到各方的一致好评和高度赞扬。"周女士不仅拥有完美教师的素质，还有学者的特质，指导了很多中国学生，甚至孟加拉学生的研究报告和论文。她曾把9位在孔子学院实习学生的论文编纂成册并出版。她还把《长城汉语》第一册和第二册进行了本土化改编并出版。孔子学院的孟加拉学生用这套中英孟三语的教材学习汉语。虽然我的专业不同，但三年多来我们一起管理孔子学院的行政工作，从周院长身上，我看到了一位真正的教师和学者。即使现在我已离开孔子学院，我们还经常分享她的研究尝试和学术活动。"曾担任南北大学外方院长、与周院长合作过的 **Khaliquzzaman Elias** 教授如是说。而周铭东本人也因卓越的工作被国家汉办评为"全球孔子学院先进个人"。

从南北大学孔子学院离任后，周老师也一直活跃在中孟两国文化以及教育合作与交流等领域。2015年，云南大学再次找到她并委以重任，从洽谈与达卡大学的合作项目到合作协议的成功签署，周老师都全程参与，付出了极大的努力与心血。达卡大学孔子学院于2015年11月成立，最初是租借达卡大学现代语言学院的办公室和教室，为了夯实孔子学院基础建设，云南大学提供160万元人民币建设经费，支持达卡大学特别提供专门场地的增建。从6月6日增建场地动工开始，

2016年6月6日中国云南大学和孟加拉国达卡大学共建的达卡大学孔子学院举行开工典礼

作为达卡大学孔子学院第一任中方院长,周院长就责无旁贷地承担起监督新孔院建设的工作,她多次去工地视察工程进展情况,给新孔院的建设和设计提出了很多合理化的建议。当宽敞明亮的孔院大楼展现在大家面前时,应该没有谁比周院长感触更深,施工期间实在是经历了太多太多的波折,一直都处于不断解决问题的状态之中,但周院长并没有被困难打败,她积极寻求解决问题的办法,多方沟通协调,让问题都得以顺利地解决。

2016年10月14日,习近平主席和孟加拉国哈西娜总理一起为达卡大学孔子学院揭牌。这是一个重要的历史性时刻,也极大地鼓舞了孔子学院的师生们。有幸被习主席接见过两次的周铭东院长和我们分享了她的经历,她说在主席与她握手的那一刻,她觉得在迎接高访、筹备揭牌仪式前所有的付出都是值得的。

在孔子学院新教学楼建设过程中,在周院长带领下的孔子学院各项常规工作也都在同步进行中。其间,周院长筹备和举行云南大学－达卡大学的中孟文化艺术中心揭牌,并正式落户云南大学;孔子学院于2016年9月正式招生,开设了3门汉语课程;2016年9月,达卡大学孔子学院HSK考试中心正式设立,迄今,已经举行了4次考试,400余人次参加了HSK和HSKK考试;2017年新学期在达卡大学商学院开设"中国

2016年9月25日,达卡大学孔子学院开学典礼

语言与文化概述"课程,已与达卡大学附属中学达成设立达卡大学孔子学院下属教学点的协议;继续完成汉语国际教育专业(师范专业)的申报,开展教学和教学研究……2017年是中孟友好交流年,高层互访和交流活动非常频繁,相信达卡大学孔子学院的师生们在周院长的带领下,一定会顺利圆满地完成各项教学和文化交流活动。

有很多人问过周铭东院长这样一个问题,为什么会重返孟加拉这么艰苦的地方?她说:"当我看到孔子学院在达卡乃至整个孟加拉的影响力,看到越来越多的孟加拉人要求学习汉语,看到孔子学院为中孟两国间的相互交流所起到的桥梁作用时,我的心里感到莫大的幸福。这种幸福感不单单是看到了我为进一步增进中孟两国人民的友谊、为两国间筑建新的'丝绸之路'贡献了微薄之力的成果,更大的幸福感是看到了孔子学院在孟加拉掀起的汉语热潮,听到孔子学院在孟加拉乃至整个南亚的强力作用的回响。这回响,将在孟加拉这片金色的土地上奏出更美的交响乐章;这回响,将使孟加拉人民更多地听到中国发展的新乐章;这回响,将永远激荡在我的心中,激励我为我热爱的汉语国际推广事业去奋斗,贡献我的毕生!"

"孔子学院如同照亮彼此的一束光,让我们相互倾听、互相学习,这会使全人类、全世界都受益。我们要把达卡大学孔子学院打造成照亮中国和孟加拉彼此的一束光。通过开展汉语教学和中国文化介绍,使更多的孟加拉人民了解中国、认识中国,成为中国的真正朋友和战略合作伙伴。"这是周铭东院长也是我们全体汉语教师共同的奋斗目标和心愿!愿我们都成为照亮彼此的一束光!

2016年10月28日达卡大学孔子学院中方院长周铭东受邀参加"梦想中国"孟加拉儿童绘画比赛

# 他乡·故乡

文化传播使者 / 孔子学院教师故事

## 崔珺熠
**英国兰卡斯特大学孔子学院汉语教师**

山坡上的牛羊

每每想起英格兰小城兰卡斯特，心头就萦绕着一丝乡愁般的眷恋。怎能忘怀，校园外，那终年常绿、延绵起伏、望不到边际的小山坡和草地上，慵懒地晒着太阳的牛羊；低而密的大朵大朵的云彩，镶嵌在湛蓝天空下，仿佛伸伸手就能够着。春天，校园里，互相依偎着发出软腻"咩咩"声的初生小羊；昂首挺胸，带着一队小鸭子过马路的鸭妈妈；还有那些渺小，但连成片又璀璨无比的黄色野花"buttercup"。

然而，让我心生眷恋的又怎会只是这一幅幅美丽画面。这里，是我第一次以汉语教师身份工作的地方。初踏英伦大地的不安还记忆犹新，四处奔波的情形还历历在目。适应新环境、新工作的挑战，受到的帮助和鼓励，仿佛就在昨天。喜欢那个全身心投入工作、不计回报地付出、在磨练中不断成长的自己。所有遇到的人，经过的事，流过的汗水、泪水，都让这段并不长的时光深刻而清晰，让这个原本完全陌生的英格兰北部小城，在我心中，在回忆里，成为故乡般的存在。

## 缘起

作为一名英语老师，我与汉语教学的缘分早在学生时代就开始了。2003年的夏天，还在华南理工大学师从秦秀白教授读语言学硕士的我，到北京师范大学（简称"北师大"）拜访一个老朋友时了解到，她整个暑假都在给普林斯顿大学的学生上汉语课。现在对外汉语圈子的人都知道，这就是"普林斯顿大学在北京的汉语暑期培训班"。由周质平教授于1993年在北师大创建，简称"普北班"或"PIB"（Princeton in Beijing）。"普北班"是在中国成立最早、影响力最大的北美暑期项目之一。朋友说："这个项目又在招聘下一年的教师了，我觉得你很合适啊！待遇不错，你去面试吧。"之后，我顺利通过了面试，储备为2004年暑期的汉语教师。虽然最终因为时间的原因，我的"普北班"任教之旅并未成行，但心中却悄悄埋下了对外汉语教学的种子。2010年左右，随着国家汉办孔子学院事业的蓬勃发展，陆续有同学、朋友在世界各地的孔子学院任教，我的对外汉语教学梦再一次被点燃。

2011年4月，当我在华南理工大学主页看到华南理工大学与英国兰卡斯特大学合作共建的孔子学院招聘汉语教师的消息时，我毫不犹豫地报名了。同年，我顺利通过了国家汉办组织的考试、面试，完成了在北京语言大学的岗前培训，并以优秀学员结业。兰卡斯特大学孔子学院2011年12月20日正式揭牌，我于2012年4月赴任，开始了我的海外汉语教师生涯。

## "我不是一个人在奋斗"

初到兰卡斯特，我接触到的第一位英方工作人员，就是我们的经理Colette Webb女士。她为人温和善良、乐于助人，开车带我去各大超市购物，带我熟悉校园和小城环境，给初来乍到的我极大的关心和安慰。

刚到英国的第三天，时差还没倒清醒，头还隐隐作痛，我就要去一所在High Bentham的小学上课。这是我们孔子学院开课的第一所小学，原本是由首任中方院长刘程老师任课的。由于当时院长在欧洲大陆出差，就把课接棒到我手里了。课程的交接全部在我赴任前通过邮件完成。刘院长详细介绍了班级的情况，学生已经学过的内容，接下来要学的内容和教学方法等，可谓知无不言、言无不尽。但就好像一个不懂水性的人，听了很多讲解之后，轮到自己下水时还是会不知所措。我英语虽好，跟孩子沟通不成问题，但完全没有少儿汉语教学经验，心中异常忐忑。

由于路途遥远，公共交通不便，Colette 亲自开车送我。一路都是九曲十八弯的乡村小道，生怕自己晕车耽误上课，我还提前吃了晕车药。窗外，田园诗一般的美景，绿意盎然，春光正好，可我根本无心欣赏，一路在用自己迷迷糊糊的头脑反复推敲着上课的各个环节。

车子缓缓停在小学门前，我在英国的第一堂汉语课即将开始。

上完课走出教室的一刹那，我的脑子里一片空白。只记得学生上得很开心，Colette 微笑着说第一次能上成这样很不错。回程的路上，我一直在努力回忆上课时的遗憾和不足，希望下次能上得更好。没有想到的是，这种在回程中的总结，会成为我之后几个月的工作形式之一。

到任一周后，刘程院长出差结束回到兰卡斯特，他热情地跟我握手，还代表孔子学院送了一张贺卡给我，上面写着"欢迎战友崔老师加入孔子学院团队"。当时感觉这个跟我年纪相仿的领导非常随和，没有架子，而且每天像打了"鸡血"似的，满腹都是大刀阔斧建设孔子学院的宏图伟略。

第二周要去 High Bentham 上课时，刘院长说："今天 Colette 比较忙，我开车送你去，顺便听听课。"我心里想，幸亏第一周刘院长不在啊。这一次，心里已经有数多了，不怕领导听课了。我满怀激情地上完课，跟学生告别。回来的路上，逐渐领教到刘院长高效率又细致入微的工作作风，他真是利用清醒的每一分钟在思考啊！他目光紧盯着前方的崎岖乡村路，大脑飞速运转，边"专心"开车，边跟我讨论课堂的每一个细节：从步骤安排，板书手势，到语言指令，再到上课时学生的位置移动，感觉把课堂的每一分钟都分析透了。这样的分析、指导和讨论进行了一路。后来我才知道，作为汉语言文学博士的刘院长，不仅上过各种类型的成人对外汉语课，还曾经在美国的一所孔子学院教过整整两年不同年龄段的小朋友汉语，积累了丰富的实践经验。我压力倍增，却也暗自庆幸，能得到这么有经验的老师指导，是件多么幸运的事呀。

就这样，Colette 和刘院长轮流开车送我上课，到了课堂，他们就坐在教室后面听课。几周后，Colette 说："珺熠，你有没有考虑过，以后来英国当个小学老师？你太适合小学课堂了，孩子们都那么喜欢你。"听了 Colette 的话，我心里甜滋滋的。

而作为资深专业人士的刘院长，鲜有认可的话。他会直截了当地说："做得好的地方就不必说了，我们来谈谈新的问题！"大多数时候，我都非常认同刘院长的建议，虚心接受。但有些时候，我觉得自己对某些细节的处理方式也有合理的地方，况且教无定法，为什么一定要按照某个步骤进行？但下一次课，我用刘院长的方法去尝试，发现果然效率更高。不得不说，他利用多年经验提炼出的教学方法和思维方式，教学效果显著，令我心服口服。我在教学、讨论和总结中慢慢成长，自我感觉渐入佳境，可刘院长每次听完课，还是有提不完的问题。有一次，好像实在没有什么问题了，就说："你今天看了两三次墙上的表，有点多，要注意……"

我非常理解刘院长追求完美的心，但自己那么努力备课，谦虚好学，学生又那么认可，还是每次被忽略优点，被直截了当地"挑刺"，心情低落的时候，也会瞬间崩溃，眼泪止不住。这时候，我会侧过头假装看着窗外，而眼望前方专心开着车，还在意气风发说课的刘院长，浑然不觉我的变化。

崩溃归崩溃，在这样的磨练中，我学到的东西越来越多，上课的状态也越来越好。后来，即使刘院长开车送我上课，他也非常放心，连教室都不进，留在车里处理其他工作了。课程结束的时候，班主任老师写了热情洋溢的信给孔子学院，孩子们做了精美的卡片送给我，抱着我，在我怀里哭。英国的小学对老师有各种明确的要求，比如不能触摸孩子身体任何部位。孩子们太可爱了，一个学期以来，我常常抑制自己想要

在 High Bentham 小学的 School Assembly 表演

抱抱他们的冲动。这次，他们把我抱了个够，不舍得我离开。

有一次，刘院长诚恳地说："崔老师作为教龄那么长的老师，还肯虚心接受别人的意见，努力完善自己，我很感动。"其实，感动的人应该是我。为了小学课程更加完善，为了孔子学院更好的发展前景，经验丰富的前辈毫无保留地教一个"新人"，非常难能可贵。刘院长的勤奋、细致、追求完美的精神让我由衷地佩服。他对汉语推广事业的热情也深深地感染了我。孔子学院首位志愿者教师到任后，我就承担了刘院长曾经的角色，协助志愿者尽快进入教师角色，让"传、帮、带"成为我们孔子学院的优良传统。

志愿者淑慧是个聪明伶俐的姑娘，我们都属龙，很投缘。她总是笑呵呵的，是大家的开心果。她来任教的时候，我们孔子学院的课程已经开到兰卡斯特周边的好几所小学，为了让还是学生、完全没有任何教学经验的她尽快进入角色，我带着她穿越乡村田野，去不同的学校上课。课前一起讨论修改教案，课后，也是在回家的路上，就开始分析总结。有时下课晚了，错过了一班公交车，我们就要在凄风冷雨中再等上一个小时。可在我们兴奋的讨论中，等待的时间好像也不再难熬。就像最初刘院长带我一样，我也帮助淑慧在短时间内快速成长起来。

在生活中，我们互相照顾，互相打气。我周末开车带她亲近大自然，她在我生病时,帮我接送上小学的女儿。在异乡能遇到一位像妹妹一样的同事,真是福气。

一所孔子学院建立的背后,需要多少人的辛勤付出。揭牌后,一切从无到有的过程,又需要多少人的共同奋斗,首任的中外方院长、经理、教师、志愿者们,为了同一个目标,怀揣同一个梦想,努力工作,无私忘我,建立了"战友"般的感情。感恩在那段艰难岁月,我不是一个人在奋斗。

### "You are the best teacher."

除了小学的课程,我还担任各类成人的汉语课程的教学,包括兰卡斯特大学学分课和非学分的语言课程。

我教学的重中之重是兰卡斯特大学汉语学分课。为了在大学建立正规的学分课程,我们的中方院长和第二任外方院长肖忠华老师做了大量的工作。肖老师早年创造了用三年时间获得兰卡斯特大学语言学系博士学位的记录。作为我们孔子学院院长时,他已经是知名的语料库语言学家。他为人谦和,工作严谨,一丝不苟。从几十页的课程描述到网络虚拟课堂 Moodle 页面的建立和资料上传,从招生宣传到课程设计和教学分工,肖老师做了大量的工作,倾注了大量的心血。肖老师是我见过的工作最认真最刻苦的老师之一。给他发的工作邮件,无论是几点,他都在几分钟之内回复,屡试不爽,非常神奇。

经过几个月的筹备,具有里程碑意义的兰卡斯特大学汉语学分课于2012年10月正式开班,所用教材为《新实用汉语教程》。由三位老师分担听力、口语、读写三种课型。我负责学生觉得最困难的读写部分,肖老师负责语法综述和文化讲座。课程刚刚开始的阶段,由于使用同一本教材,需要几个课型的老师相互配合,难免需要磨合,肖老师用他最大的诚恳和耐心协调整个团队,让教学迅速进入正轨。读写汉字是外国学生普遍觉得最难的部分,为了上好这门课,我查阅大量资料,花很长的时间在备课上,感觉不上课的时间几乎都在备课。肖院长和刘院长也给了我很多的帮助,跟我无私分享教学参考资料和工具书;一起讨论教

兰卡斯特大学孔子学院第一届学分课学生

学中的难题时,我总能得到他们很好的建议。学分课正式开课后,两位院长曾经一起去听了我一节课,刘院长说了一句"就这么上",就放心地离开了。在我看来,这句话已经是最大的认可和鼓励。上好自己课型的同时,我积极配合其他课型的教学,并严格按照肖老师的要求,在Moodle页面上传教学资料;利用办公时间帮助有学习困难或落课的学生;在期末,应学校要求认真给每个学生用英文写总结与反馈。

岁月如梭,不知不觉到了第一学年的最后一课,心中万分不舍。一名学生带来了自己在家里做了几个小时的蛋糕,上面还插着一面鲜艳的五星红旗。还说了很多感谢的话,让我非常感动。看着学生的进步,得到学生的认可,一切的辛苦和付出都是值得的。

孔子学院另一成人语言课程即汉语兴趣班,教学对象为兰卡斯特大学的教工和社区民众。兰卡斯特大学作为英国排名前十的大学,拥有上千名中国留学生。大学的清洁工、宿舍管理员、司机、行政人员为了能更好地为中国学生服务,特意来孔子学院学习汉语,令人感动;还有兰卡斯特大学其他语种的老师、教授、系主任以及兰卡斯特城区及附近的商人、退休的老夫妻,怀着对汉语和中国文化的好奇和热爱,放弃午休的时间,或者下班后从很远的地方来到我们的汉语课堂,风雨无阻。

除了语言，学生还对中国的传统文化和一些当代社会现象表现出浓厚的兴趣，我尽最大的努力查阅资料，用图片或视频资料给学生展示当代中国，让他们更客观、更全面地了解中国；并时刻提醒自己，用自身健康、正面的形象，让学生感受当代普通中国人的精神状态。记得有位学生，是位年过五旬的清洁工大叔，每次他开着扫地车在校园里见到我，隔老远就向我挥手打招呼。要离开的时候，我跟他告别，他诚恳地说："Cui Laoshi, you are the best teacher!"他孩子般真挚的笑脸和挥手的画面现在还定格在我的脑海里，清晰而亲切。

## 双"喜"剪纸的感悟

2012年、2013年暑期，我与中方院长、志愿者等一道，深入兰卡斯特周边六七所小学，负责组织和开展"汉语与中国文化夏令营"活动，参与教学和教学指导工作，带领孩子们开展各类中国文化活动，玩游戏、放风筝、踢毽子、写毛笔字、剪纸等。

文化夏令营的活动属于介绍性质，所以我们基本是在一所小学做一天或半天的活动，然后就转战下一所学校。所以，对于对相似年龄段孩子的教学，有些活动会重复进行，比如剪纸。

剪"喜"字并不是什么难题，剪纸前，我会通过图片介绍，让孩子们了解红双"喜"字的含义和用途，并给孩子们展示各种形状的"喜"字剪纸。讲解完具体操作方法后，孩子们开始亲自动手。通过多次的重复教授，我深深体会到，只有不会教的老师，没有学不会的学生。

在第一所学校的时候，会出现个别学生剪错的现象。仔细分析，我觉得是我的英语描述不够到位，造成一些学生的错误理解。

个别辅导

因此，我非常留心听小学班主任如何给个别学生进一步解释，记在心里，用到自己的描述中。我还发现，所有的细节都很重要，比如什么时候开始演示，演示几个步骤，折纸后的长方形怎么画，在哪里涂阴影，甚至什么时候把红纸发到孩子手里，都会影响孩子的注意力，从而影响孩子们能否快速准确地剪出双"喜"字。

教到最后一所学校，由于指导方法精确，步骤合理，所有的学生都能在很短的时间内剪出正确的红双"喜"，甚至剪出三四种更复杂的变体，效率比第一所学校的学生整整提高了三倍以上。旁听的老师也兴致盎然，跟着参与进来。孩子们自豪地说："我要把自己剪的'喜'字送给家人！"

一个看似简单的文化活动，仔细推敲下来，会发现当中有很多门道。小小的"喜"字剪纸，让我真切体会到教学无止境，只有在实践中不断积累经验，用心总结归纳，才能在教学的路上越走越远。

汉语与中国文化夏令营——教孩子们剪"喜"字

迷你"喜"字

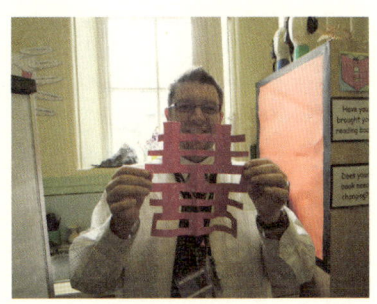

老师也加入进来

## "老师,我能摸摸你的头发吗?"

我们对世界的了解远远大于世界对我们的了解。这是在英国,作为汉语教师的我,最深切的体会之一。

整个任期,我去过十几所小学上汉语课或做文化活动,孩子们提的问题千奇百怪,五花八门。比如,老师你会武术吗?中国人是不是都会功夫?你能站在竹子上飞来飞去吗?我会忍住想笑的冲动,耐心跟孩子们解释,不是所有的中国人都会武术,很遗憾,老师一点都不会,而且大多数中国人都不会。能站在竹子上飞来飞去的人仅存于电影,在现实生活中,如果非得站上去,老师一定会把竹子的枝条压断,摔下来。他们虽然笑着表现出无限的失望,却也感受到了一个汉语老师,作为一个普通中国人的真实存在。在他们稚嫩的眼里,我,就代表中国。

还有一个漂亮的金发小姑娘问我:"老师,中国人的头发真的都是一种颜色吗?""老师,我能摸摸你的头发吗?"我能感到小姑娘的好奇和想跟我亲近的心,我俯下身来,跟她保持一样的高度,让她轻轻地抚摸我的长发,小姑娘满足地笑了,给了我一个大大的拥抱。

中国文化需要被世界更多的人了解,这个过程必然艰苦而漫长。然而,不积跬步,无以至千里;不积小流,无以成江海。从2004年至今,全球已经建立500多所孔子学院,1000多个孔子课堂。我有幸生活在这个祖国经济腾飞、文化走向世界的美好时代,与所有孔子学院的院长、教师、志愿者们一道,作为传播中国文化的小小蒲公英,让世界各地的人认识有血有肉的中国人,化解文化隔阂,让沟通成为双向;用自己的努力,传授我们的语言,分享我们的思维方式,宣扬我们求同存异、和谐大同的文化精髓,建立与整个世界的良性互动,为中国语言文化走向世界默默地发挥自己的绵薄之力。这么有意义的事业,任谁能够不全情投入呢?

回首来时路,在英国做汉语教师的经历,带给我前所未有的成就感,让我的人生变得如此丰富。感谢所有走过的路,感谢所有的艰难困苦,

低低的云

感谢所有给我启发、给我帮助的人。

　　时过境迁，我离开英国已经三年，兰卡斯特孔子学院在新同事们的努力下，发展规模日益壮大。遗憾的是，我敬重的外方院长肖老师身患恶疾，英年早逝，成为大家心中永远的怀念。中方院长刘老师回国后成为教授，在孔子学院研究领域硕果累累。志愿者淑慧在一个北方城市开始了新的教师生涯，还当了妈妈。而我，又在另一个陌生的国度开始了新的跋涉。

　　过去的人和事，渐行渐远，慢慢变得模糊，而那绿草绵延、白云飘飘的英格兰小城，在记忆中挥之不去。那个自己奋斗过的地方，早已在生命中留下抹不去的印记，成为心中永远的故乡。

孔子学院故事系列

# 白雪春风花满路

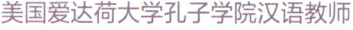

黄爱平

**美国爱达荷大学孔子学院汉语教师**

冬日校园

我们工作的地方位于美国西北部爱达荷州莫斯科市，说是 city，实际上就是一个小镇，人口两三万的样子，除了沃尔玛、Winco 等几家超市，别无可逛，所以我们简称之为"莫村"。如果要到一个像点城市样子的地方，附近是有的，开车两个多小时可以到华盛顿州的第二大城市斯伯坎。莫村市内公交车免费，但是只有周一至周五才运行，并且每天下午5点多就早早收班了。美国是"车轮上的国家"，着实不虚，路上少见行人，但是停车场、路边到处是车。虽是小镇，没有车还真寸步难行。

小镇地处丘陵地带，坡势平缓，泥土丰厚，所以周围的山坡上均种植着小麦。我来的时候麦子已经收割，满坡都是麦茬子，月光照耀下，泛着温暖的光。据说春天一来，满山碧绿，微软 Windows 的一个著名电脑屏幕桌面就是在不远的地方拍摄的。小镇无高楼，放眼四望，依坡势而建的房屋点缀于杂树乔木间，如缓缓展开的一幅画，秋天是油画，冬天是水墨画，虽无鸡犬相闻，但有平畴交错的宁静与安详。一出镇外，顿觉天高地阔，只要是晴天，天空就蓝得纯净、通透；秋天的云蓬松可亲，一朵一朵悬在半空，似乎伸手可摘；茫茫天际之间，一车行驶其中，犹如梦境。

因为"莫斯科"这个名字的关系，总觉得它是否与俄罗斯有点渊源，但是史料不详，除了大学有各种肤色的面孔之外，小镇居民以白人为主，母语是英语。据女儿

孔子学院同事合影

的班主任介绍，女儿是她教的第一个中国学生，所以她觉得是一种挑战，因此第一学期专门给女儿配了英语老师。后来听女儿说，有些同学都不知道有中国这样一个国家。公立中小学开设第二外语以西班牙语为主，大学里的语言与艺术社会科学学院有众多外语可供学生选学，但是在孔子学院创立之前，并没有汉语课程。

我的课程主要是大学的汉语学分课，从初级到高级，从精读到写作、语法，还有中国电影课程。初来乍到，不知美国学生如何看待汉语，如何学习汉语，而且每班每周只有4节课，与中国国内汉语学习的留学生一周20多节课比较起来，不可相提并论；再说国内是目的语语境，对学习汉语有利得多。学生来自各个专业，如教育学、哲学、经济贸易、国际关系、艺术、建筑学等，真是五花八门。

开始上课，我来，他们来；我走，他们走，除了课堂的语言学习与交流，别无他话，想起来那种换场像一出哑剧。渐渐地他们会问与课文相关的问题：为什么中国的父母不允许孩子在中学时谈恋爱？为什么打招呼时会问"去哪儿""干什么呢"？"口"与"嘴"有什么区别？中国汉字与日本汉字的异同……有一次无意间说了个例句，说到美国的歌星惠特妮·休斯敦，还有卡朋特，随口哼了两句，学生笑，问我是否喜欢音乐。此后只要是学校里举行与音乐有关的活动，学生都会告诉我。由爱达荷大学承办的世界音乐巡演会当天，一个是学校合唱队

队员的学生,一下课就告诉我当晚的节目、时间、地点;不久前的Jazz Festival,学生兴冲冲地来告诉我,我们还一起分享了对爵士的一些感觉和看法,像是老朋友一样。

中文的声调对学生来说并不简单,他们的母语只有升调和降调,中文却有四个声调,他们在高平调上通常高不上去,四声也常常下不来,起调太低,三声拐不了弯;但是看着他们认真练习,有的摇头晃脑;有的手脚并用,搓手顿足,张牙舞爪;有的浑身紧张,耸肩扭腰,几乎所有肌肉都参与了运动;突然之间觉得整个教室都生动了起来。虽然人之禀才,迟速异分,但是仍然为他们对这门语言的虔诚而感动。

春节前,爱达荷大学邀请加拿大的一个华人舞蹈团来表演,一位学生家长在中场休息时碰到我,兴奋地说中国音乐真是wonderful,比美国音乐好多了。其实中国民族音乐确实自有特色,总体而言是一种静的音乐,情感绵密细腻,润物无声,不像西方交响乐以一种庞大的阵势卷人入怀,只是他们以前不了解,所以也没有感知过这种音乐的美妙,这次伴舞的音乐都让他们觉得美,也是一个契机吧。我开始在纯粹的语言课

加拿大的华人舞蹈团演出合影

写"福"字

程之外简单介绍中国音乐，播放相关曲目，如《百鸟朝凤》的热闹喜庆及中国人的龙凤崇拜，《高山流水》的君子之交以及中国人的友谊，《梁祝》的缠绵哀婉、冲突浪漫，还有背后的爱情故事以及中国古代的恋爱、婚姻。音乐没有国界，有时不需介绍也感觉他们懂了，有的闭目凝神静听，有的随乐而动。

　　学生中有去过中国的，也有要去中国的。新学期对课程进行了微调，给学生讲了一点中国历史、文化。讲了与长城有关的故事——孟姜女哭长城，讲了烽火台的作用，讲了白蛇传的传说，古代女性的幽闺生活。给学生看了圆明园的断垣残壁、荒草斜阳，学生说真美，也可以想象当初的美。我说这个地方没有修复，保留原样，为的是记住历史，学生竟然感同身受，表现出惋惜、沉痛。我看着苏州园林、西湖美景，雕花镂窗、江南水乡那富有诗意的图片，不禁说了一句，中国是一个诗的国度，建筑、风景之中也有诗。学生说她能体会建筑中的诗意，还说她也喜欢诗，喜欢中国诗。我不禁惊诧又惊喜。在中国国内总是有学生跟我提诗歌太难，很不好懂，所以我压缩又压缩，简化又简化，可是当我转身来到这个遥远的地方，竟然有人说喜欢中国诗歌，真有他乡遇故知之感。

　　与其他语言相比，爱达荷大学学汉语的人数并不多。在这样一个小镇，除了大学的中国留学生和访问学者，大概少有中国人来这里，所以与中国人打交道的工作几乎没有，要是有，那也是最近一些年中国人开的中餐馆。相比于斯伯坎，那里像 Subway 这样的店的服务员都会说一些中文，并且非常热情主动，这里确实要固守传统一些。爱达荷大学孔子学院自 2013 年秋季招生以来，以大学为中心，已在莫斯科市的幼儿园、中小学开设汉语课程，另在旅游城市科达伦的两所高中开设了 4 个班，在州府城市博伊西开设了社区课程，也即将在博伊西的中学开设汉语课程。这些学汉语的学生们，有的是打算从事与汉语相关的工作的，有的是对中国语言文化感兴趣的。无论他们未来如何，我都觉得我们在他们的心中种下了一颗种子。

我的女儿无形中也成了一名小小的文化交流使者，当她开始说英语，也可以简单地与同学们交流之后，在班主任 Mrs. Johnson 引导下，开始教同学们一些简单的中文。情人节 Party，我们作为唯一的中国家长去参加，有几个孩子特意走过来跟我们说"你好"，有的说了一遍又说一遍，十分可爱。女儿在一些节日时会带去中国的小礼物，同学们也会争着问她一些相关问题，了解中国的风俗习惯。我想，以后当他们听到中国，应该不会再那么陌生、那么有隔阂了吧。

莫斯科的冬果

以前我从未想过来一个陌生国度教汉语，虽然我热爱自己的语言、文化；而今在异国他乡，在两种语言与文明间穿行共处，却又感到任重道远。此刻窗外白雪纷纷，我在千万里之外，想念杏花春雨江南，也憧憬这里有一个烂漫的春天。

# 万水千山走遍

**文化传播使者 / 孔子学院教师故事**

## 李嘉欣
英国兰卡斯特大学孔子学院汉语教师志愿者

一年的时间转眼就过去了,似乎还记得自己是怎么从一开始的抵触和不适应转变为离别时的依依不舍。在英国这个文明的国度我度过了有生以来最开心的一年。虽然已经回归祖国,但兰卡斯特那些可爱的人和美丽的景色却总是不经意地浮现在眼前。

## 引言

我所工作的孔子学院是由华南理工大学和兰卡斯特大学共同创办的,主要面向兰卡斯特大学的学生、教职工以及其他社会人士开设语言

兰卡斯特大学孔子学院鸟瞰图

类和文化类的课程。我的工作内容主要分为四大类：一是协助中外方院长、孔子学院经理完成活动策划、网站管理、品牌建设、新闻稿撰写、与学生沟通等事务；二是协助老师进行汉语言教学；三是组织丰富多彩的中国文化宣传活动；四是负责宣传材料的设计与制作，比如孔子学院所开设课程的宣传单、文化活动的海报、兰卡斯特大学孔子学院的logo设计等。

## 日常工作

我在兰卡斯特大学孔子学院这一年最主要的工作为行政工作，协助中外方院长及经理完成全年所有常规项目：从学期伊始的学生名单整理，非学分课教学课表安排，教室预订，newsletter的设计到平时的网站信息更新，为文化活动设计宣传单与海报，物资准备，活动现场照片的拍摄，活动结束后的新闻稿撰写，等等。行政工作繁重而又琐碎，尤其是设计工作，由于学校的电脑没有设计所需要的软件以及中文字体，常常需要携带自己的笔记本电脑来工作，而且设计初稿完成后总会收到很多的修改意见，即便是一个简单的设计也会需要进行无数次反复的调整。另外，由于经理是英国人，在共事的一年中我也体会到中西方不同的思维方式与工作方式，并从中获益不少。

我设计的pamphlet之一

## 汉语教学

汉语教学方面我主要担任兰卡斯特大学管理学院汉语班和太极初级班的助教，每周共五个课时。另外我的工作还包括和另一名志愿者一起组织开展语伴活动（Language Partner），以及每周一次的汉语角（Chinese Café）活动。

在组织汉语角的时候，考虑到以往的经验和教训，我们根据参与者的汉语水平设置了文化类和语言类两种类型：针对初级水平的学生，主要以介绍文化为主，每周一个主题；针对中高级水平的学生，则

汉语角留影

以对话练习为主。中国二孩政策刚实施，我们便将此作为文化类的主题进行讨论，大家对这种贴近中国当代老百姓生活的话题都非常感兴趣，纷纷表达了自己的观点，也让我听到了各种不同的声音。汉语角的活动形式并不是一成不变的，根据人数以及相关节日，我们会做适当的调整，不断加入新元素使其变得充满活力。比如在活动后半小时插入游戏环节——听汉语歌来对歌词进行排序，而新年将至时我们会教大家剪纸、做红包和唱新年歌。在交流中，我们不仅向外国人传播了中国文化，同时也学会了理解和包容不同国家之间的文化差异。

此外，这段工作经历也让我有机会以一个外国人的视角去观察自己国家的语言和文化。也许因为以前一直生活在国内，所以对一切事物都习以为常，对自己国家文化的魅力没有太深的认识和体会，而踏出国门以后，反而让我可以更好地审视自身的成长经历以及中国文化，从而更加深刻地感受到汉语的特点和魅力，发自内心地赞叹中华文明的源远流长、底蕴深厚。

## 文化活动

为了扩大孔子学院的影响，我们还会积极举办各类文化和社会活动。比如，前往各中小学以及图书馆进行中国日活动，参与兰卡斯特大学校

园里的各种活动，提高学生以及当地人学习汉语和了解中国文化的兴趣。

让我记忆犹新的是去一所小学教学生做红包的时候，我们告诉他们可以把对父母想说的话塞进红包里送给父母，其中一个男生把红包送给了我，里面写道："这是我人生中最美好的一天，就像父母结婚的那天一样美好。"那一刻让一切都变得充满了意义，我想这就是作为一名教师的骄傲吧。

我认为，在传播中国文化的过程中，汉语教学才是我们的首要任务，但是汉语和文化的关系如此密切，只有真正热爱一个国家的文化，才能产生学习语言的持久动力，而语言的掌握又会促进其对民族文化的理解，从而使文化的传播变得更加直接、有效而持久。

去当地小学举办中国日活动

兰卡斯特大学孔子学院龙舟队在利物浦参加龙舟赛并夺得季军

在镇上举办春节活动

## 生活

去英国之前就听朋友和老师说英国人很有礼貌，下车前要和司机说"谢谢"，去餐厅或者超市的时候也要多说"请"。当我真的到了兰卡斯特的时候，感觉对于他们的彬彬有礼还是没有做好心理准备。一开始对于几乎每句话都要加上"please"而觉得很麻烦，后面就慢慢习惯了。在车站上车的时候，虽然有时候并没有一条明确的队伍，但是人们都会遵循一定的秩序上车，并不蜂拥争抢。去到小学举办活动时，学生也会非常友善地叫我"Miss"，和我打招呼。周末跑步或散步的时候，迎面而来或跑步或骑车的人也会很友好地向我说一句"Hi."或是相视而笑，每当这时候我对兰卡斯特的爱就又增添了一分。相反，在伦敦这种大城市，人们的生活节奏偏快，而且充满来自世界各地的人，就很难感受这种温情了，所以与大城市相比，我更偏爱英国的乡村，到处是绿色的草地，草地上躺着牛羊，有时候还会看到马和羊驼。对于一个从小在广州长大的女生，能如此近距离接触美丽的大自然和动物，幸福之情溢于言表。

在工作时间之余，我有幸旁听了德语系的几次课，亲身感受了国内外教育的不同。听课之前，不仅要发邮件给相关负责老师征得他们的同意，还需要发邮件跟任教老师说明情况。因为国外课程多为研讨课，班级规模一般少于10人，所以如果突然出现不相识的人，大家都会很尴尬。而且即使是大课，有时候也仅仅是50人左右，所以如果班上突然多了一个学生，老师还是能察觉出来的。出国之前总是听说外国老师教学多么有趣，外国学生发言多么积极，课堂气氛多么活跃。而当真正到了英国的课堂上时，才发现其实老师还是主要对着电脑念PPT，常常也是大段大段的文字出现在一页PPT上。而英国学生还是比较害羞内敛的，并不如想象中的那么积极，但课堂参与度还是比中国学生要好一些。回想起自己的本科生涯，很遗憾自己也常常是低头族中的一员。因为英国的大学班上学生较少，所以学生可以得到更多老师的关注，而且学生和老师的关系也较好，在课堂上，老师更多的时候是鼓励学生去思考发言，气氛较为轻松,课后也可以在一定时间去找老师问问题。在英国,你会看到很多学生经常去酒吧或者俱乐部,或者通宵派对,但是图书馆里还是不乏很多认真学习的人,到了考试月或者第三学期的时候,图书馆更是一座难求。对于他们在学习与娱乐间轻松转换的能力,我还是惊叹不已。

以前我以为外国人的家庭观念会比较淡薄,但是来到英国后却发现这和想象中的大为不同。谈恋爱前可能比较随便,但一旦确认了关系,他们会非常认真看待。通过他们的状态,你能感受到他们坦率而又浓烈的爱意。一到周末,很多家庭就会开着车带上小孩到海边或者湖区去玩,或者去登山露营,或者去野炊,气氛非常温馨。而且现在很多年轻人还是和父母住在一起,也经常和父母一起去旅游度假,他们和父母的关系更像朋友,尊重彼此,互相留有一定空间,但又互相依恋。高中倒数第二年时,每个大学都会邀请一些候选学生参观校园,每当校园开放日的时候,全家人会一起到不同学校参观,和子女一起选择合适的大学和专业。咨询的时候主要是学生提问,家长只是旁听。而在中国,大部分学生还是由父母帮忙来选专业,自主性较低。这有点像中国的高考填志愿,只不过在英国,这个决定会提前两年就开始考虑,而且即使就读后不喜欢目前的学校或专业,想申请转去其他学校也不会太难。毕业的时候,更是看到很多家人不远万里来参加自己孩子的毕业典礼。

虽然英国在各方面都似乎比国内要好,但是有一件事情提醒我,我终究不是这个地方的人。有一次我一个人去镇上的公园散步,经过一个小游乐场时,一群初中生大小的孩子朝我背后扔了一块石头,但并没有砸中我,我转头疑惑地看着他们然后继续走,他们又扔了一次,还是没有扔中。那时候我突然觉得非常心寒,第一次觉得这个国家如此陌生。回去后和女房东说起这件事,房东是中国人,丈夫是英国人,她说她家之前住了一位老人,有一群英国小孩子老是打那个老人,直到有一次,女房东骂了他们,他们才结束了这种行为。我觉得这些孩子一定是受父母影响才会做出这种行为。这种事在国外也并不稀罕。这件事让我明白,这里虽有安逸舒适的生活，但不是自己的家。不管在哪，我们都是属于自己祖国的。

## 每个人都有一个周游世界的梦

在英国工作的这一年，除了在英国本土旅游，我还利用假期完成了一次欧洲之旅。因为一直想去德国留学，所以大部分时间都去了德国，绕着整个德国走了一圈，其他国家只是挑了一些重点城市如蜻蜓点水般掠过，如巴塞罗那、威尼斯、罗马、苏黎世、巴黎、阿姆斯特丹和鹿特丹。一趟旅程下来，算是对欧洲各国有了初步的认识，如西班牙的热情、威尼斯的破败美、罗马的古典、苏黎世的高度理性、巴黎的浪漫、荷兰的开放包容，而对于德国则很难用三言两语来概括。回国之后我看了一些建筑方面的书后才意识到，当时看到的很多建筑都是出自著名的设计师，可惜当时没能好好欣赏，并且发现自己错过了很多其他优秀建筑，希望以后有机会能重游欧洲，再好好欣赏大师的作品。旅程中发生了太多事情，但当时每天都在匆忙地赶行程，而且一回到英国又立马投入到工作，所以并没有时间整理旅程中的感悟，但我相信这些记忆都已深藏在脑海里，内化为我的一部分。

## 结语

很庆幸，自己在尚算年轻的时候踏上过英国这片土地，体验过其中的甜酸苦辣。一年的经历，不仅让我收获了很多友谊，也让我对不同的人和事更为包容。这一年的经历，必将成为我一生的财富。

孔子学院故事系列

# 开拓者

## ——钢铁是怎样炼成的

李凌云

美国爱达荷大学孔子学院汉语教师

我是"冒险小队的一员"

"冥冥之中天注定",偶然的机会,我有幸加入到爱达荷大学孔子学院的大家庭。2015年9月,在中方院长和外方院长的协助,以及国家汉办的资助下,我顺利到达爱达荷大学孔子学院赴任。

来爱达荷大学孔子学院之前,我在国内有教外国留学生的经验。但不同的是,外国留学生在来中国之前,或多或少都学过一些汉语,并且对中国的社会和文化有不同程度的了解,所以,他们的起点比较高,跟他们交流相对容易一些。然而,爱达荷州莫斯科市,是一个地处美国西北部落基山脉延伸处的小镇,一个非常安静的小镇。有数据显示,爱达荷州的奶牛数量比爱达荷州的人口数量要多很多。这里的人口流动性很小,多数人对爱达荷州以外的世界兴趣不大,与他们交流需要从零开始,要站在他们的角度上找到共同的话题,找到交流的切入点。所以,我在适应新的教学环境上和生活环境还颇费了一些时间。

因为工作需要，四个月后我被派往爱达荷大学博伊西校区开拓新的教学点，这里位于爱达荷州州府博伊西市。博伊西市是爱达荷州最大的城市，常住人口大约21.4万人，其中白人占88%，亚洲人占0.9%，中国人就更屈指可数了。这是一个相对比较封闭的州，白人占绝对优势。因此，在这里开展中国文化传播的难度可想而知。

师从先师孔子"知其不可而为之"的名言，难度大没有成为阻止我们开拓的理由，但同时，引用外方院长的话："这是一个冒险。"而我是这个冒险小队里的一员，是一名开拓者。

"好的开端，是成功的一半"。我们依托爱达荷大学博伊西校区和爱达荷州华人协会，迅速开展工作。从文化宣传入手，打开爱达荷大学孔子学院在博伊西的市场。我们参加了博伊西NBA发展联盟篮球赛的开场武术表演，参与当地中国味最浓的华人春晚，邀请了国内知名画家秦百兰女士到博伊西举办为期十天的画展，负责博伊西世界文化节开幕式表演、主会场表演，以及文化展示，组织中国电影之夜，组织汉语角和中国美食俱乐部，进行博伊西农民市场的文化宣传，定期进行中国文化专题讲座，组织暑期夏令营活动等，几乎所有与中国文化有关的活动我们都做。

**舞剑表演**

除了不停地奔波忙碌于各个文化活动，与此同时，为适应不同人群的需求，我们开设的课程种类也在不断增加。因为有专业的积累和近二十年的教学经验，针对不同的需求，我设计了不同的课程：从刚开始单一的太极拳课扩展到太极拳初级班、高级班，不同年龄段的少年武术课，健身气功课，太极剑课和太极扇课。虽然增加了大量的备课时间和工作量，但是，只要需要，我就尽我最大的努力积极去做好！毕竟任期有限，我一直有时间上的紧迫感。我常常对学生说："我希望有更多的人能从我这里受益。"我不在乎付出多少，只要看到成果，看到学生收获的喜悦时，一切的汗水和泪水都值得。

和我的学生们

2016年伊始，随着各项活动的开展，宣传力度的加大，越来越多的人参加学习我们的课程。而我，又增加了汉语课教学的任务：初级汉语课、中级汉语课、高级汉语课。我的专业是体育，隔行如隔山，对于教汉语来说，我是个门外汉。虽然作为北方人，我可以说一口标准的普通话，但教学就没那么简单了。为了备好每一门课，我经常晚上八点下课后继续在办公室工作到九点半，甚至十点。大概是性格使然，我对待事情有一股特别认真的劲儿。如果接受了一个任务，就会尽全力做好，哪怕不吃饭不睡觉。所以，为了研究一个语言点的来龙去脉，我特地去请教远在莫斯科校区的薛院长和黄老师，一问一答共十几个来回才搞明白。所以我常常自我解嘲，称自己为"问题女人"。

课程种类的增多，适应了不同人群的需求，但也不可避免地增加了繁重的备课任务。尤其是汉语课，虽然一节课的时间是一个小时，但我通常要花五六个小时来备课。我会通过各种方式增加自己汉语教学的知识储备，弥补在汉语教学中的不足。一段时间下来，我渐渐感觉教汉语也是对自己母语理解和认知的一个提高。

爱达荷大学孔子学院在博伊西刚开始只有两个老师，现在增加为三人，一名汉语教师、一名汉语教师志愿者和一名工作人员。所有的事情我们都是共同努力，每个人都独当一面。我曾开玩笑说院长立志把我打造成全能型的新时代女性。的确，在这里必须要适应各种需求。我现在上的课程需要教授九个不同教学内容，这是我来之前从来没预料过的。除了九个不同内容的课，

太极表演

我还要组织并参与各种文化活动，例如汉语角、中国电影之夜，还有在中国美食俱乐部担当大厨的重任。今年4月，应院长的要求，我将要在博伊西做一场有关中国健身的讲座。

有了如此不寻常的两年孔子学院经历，我真正感受到了自己的成长。语言能力的提高自不必说，此外，跨文化交流的顺利过渡、不同环境的适应、遇到事情的处理方式方法、对待工作的态度、个人潜力的开发等，各个方面都发生了巨大的改变。两年的时间，爱达荷大学孔子学院打造了一个全新的我。感谢爱达荷大学孔子学院，感谢我的院长、同事们！在薛荷仙院长的带领下，我们成了一个积极向上、每个人都不计较付出的团队。感谢我生命中遇到的所有人，是你们成就了今天的我。

最后我想说，钢铁就是这样一步一步炼成的。

在爱达荷大学孔子学院的日子

孔子学院故事系列

# 我的故事

出发时

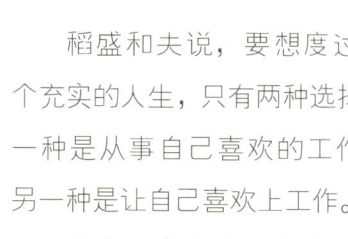

李雪莲

英国兰卡斯特大学孔子学院汉语教师

稻盛和夫说，要想度过一个充实的人生，只有两种选择：一种是从事自己喜欢的工作，另一种是让自己喜欢上工作。

我非常庆幸我正在从事自己喜欢的工作。

毕业后我就到了华南理工大学国际教育学院工作，这份工作注定需要我走向世界。经过报名和考试后，2015年5月我收到了国家汉办的拟录取到英国兰卡斯特大学孔子学院工作的通知书。当我把情况汇报给领导，并告诉同事和家人时，收到了大家满满的祝福。感动之余，心里一直在感恩，感谢学院给我这个机会，感恩同事和家人对我的支持。

培训结束后我来到了英国，带着我的全部身家：两个箱子和一个背包。从飞机起飞的那一刻开始，新的旅程开始了。

兰卡斯特大学的校园非常美，蔚蓝的天空、幽深的小森林、碧绿的大草坪、清澈的小湖，还有路上慢悠悠走着的鸭子，让整个校园看起来平静、朴实而有韵味。

还没来得及好好安顿，就开始了听课和上课。科班出身的我，这学期的主要任务是学分课——大一到大三的读写课（相当于国内的精读课）教学。虽然我在国内也教过精读课，但是如何"入英随俗"，使我的教学当地化，是我首要面对的问题。在一个星期的听课和试讲

学分课教学

后，我站上讲台，既紧张又激动。上课一切都顺利，同学们都很配合，积极回答我的问题。正常的工作开始了，我负责六门课（三门学分课，三门非学分课），每门课、每节课见到的都是不同的学生，上不同的内容。备课量非常大，同时要记住每个学生的名字也是对我的挑战，好在这边的点名册下面都附上了学生的照片，我有空时就拿着照片比对名字。一个学期结束后，我已能记住全部学生的名字，上课也慢慢进入状态。

第二学期迎来了中国新年，除了常规教学外，还开始了各种小学的汉语日活动和汉语体验课教学。我至今记得，第一次进入小学时，一群小萌娃坐在地上，瞪着好奇的眼睛看着我，我教他们说"你好""谢

汉语体验课教学

谢"等日常会话，带他们唱歌，陪他们剪纸，做灯笼，还跟他们一起踢毽子、放风筝。一天下来，累到不行，但却很开心，满脑子都是他们快乐的笑容。特别是离别时，他们暖暖的拥抱，让我真舍不得走。

在孔子学院工作，除了教学，还有很多文化活动和中国文化工作坊。每次准备都是一个学习的过程，剪纸、书法、画青花瓷盘、吹画、编中国结，还有一次制作纸龙……很多时候都是从网上和同事那里学了后，然后在家不停地练习，最后再展示和教当地人做。这个过程是辛苦的，也是快乐的。辛苦的是需要经常做不同的活动，而平时还有正常的上课和大量的备课工作，要挤出时间练习；快乐的是跟同事们一起工作，一次次的突破让我很满足，这岁月让人难忘。

来孔子学院工作后，我觉得还有一个大的挑战就是表演。我没有舞台经验，个性也比较含蓄安静，表演对我来说非常难。忘不了一次次的排练，忘不了上台的紧张。功夫不负有心人，在兰卡斯特大学的中国新年晚会上，我和同事们表演了太极扇、双截棍和旗袍秀。同时由于我会古筝，还在市中心进行了古筝演奏和为画展演奏背景音乐，其间有很多当地英国人主动跟我合影，让我很有成就感，也为自己作为一名中国文化的交流者而骄傲。

茶艺展示

博物馆工作坊

古筝表演

太极扇表演

　　来英国之前，我觉得自己很难一个人在异国生活，从小到大被父母宠坏了，最尴尬的是不会做饭，难以想象在一个没有食堂的地方如何生存。

　　这一年多的生活，我渐渐意识到：我可以非常坚强，做饭也不再是那么难的事。迈出了国门，看到了另一个世界，学习了不一样的教学方式，还认识了更多的朋友。我留在这里的时间差不多还有一年，需要好好规划、奋斗、提升、充实！

　　这就是我在英国兰卡斯特大学孔子学院工作的故事，可能也是无数对外汉语人的故事，而这个故事还在继续……

孔子学院故事系列

# 热爱

刘剑

英国兰卡斯特大学孔子学院安科斯霍姆小学孔子课堂汉语教师志愿者

安科斯霍姆小学

## 引言

2015年5月，英国兰卡斯特大学孔子学院在英国布莱克浦下设了第一所孔子课堂。安科斯霍姆小学位于英格兰西北部叫克里夫里斯的一个小镇，距离兰卡斯特大学孔子学院本部大约20英里。在孔子学院本部的帮助下，目前已

孔子课堂教室

经建成了一个非常完善的学习中国语言和文化的课堂，这里的 600 多名小学生每个人每周都有机会学习汉语和中国文化。

## 志愿者经历

从本科接触对外汉语开始，我便了解到当今世界对汉语和中国文化传播和传播使者的需求。怀着对这份事业的热情，我报考了天津师范大学汉语国际教育硕士，并在攻读期间赴韩国担任汉语教师志愿者。今年是我做汉语教师志愿者的第四年，而在安科斯霍姆小学从事汉语教学工作，时间要回溯到 2014 年秋季。那时的我刚刚获得汉语国际教育硕士学位，积攒了读硕士期间做汉语教师志愿者的少许汉语教学经验，便报名参加了英国文化协会的汉语助教项目，第一次来到位于英国桑顿－克里夫里斯小镇（Thornton-Cleveleys）的这所小学教汉语。在充实的教学和生活中，我的英国汉语助教生活很快就在 2015 年夏季结束，此时，兰卡斯特大学孔子学院的首家孔子课堂刚刚在安科斯霍姆小学落户。我怀着对这里的学习汉语的孩子依依不舍之情和对孔子课堂远大前景的向往，回国后决定报名成

给四年级学生上汉语综合课

为孔子学院汉语教师志愿者，希望回到安科斯霍姆小学，成为孔子课堂的一员。转眼间，我的这一轮志愿者工作再次接近尾声。与以往志愿者工作相比较，我在兰卡斯特大学孔子学院的工作经历，更让我收获满满，因为我不仅充实了汉语教学经验，同时也与这里的同事们建立了牢固的友情。

## 温暖的大家庭

2016年夏季,心怀感恩,幸运的我再次踏上了海外汉语教学的征程,来到兰卡斯特大学孔子学院担任汉语教师志愿者。虽然之前当过两次志愿者,但是担任孔子学院的志愿者还是第一次,到岗前内心不免有些紧张。然而初到孔子学院,在和中外方院长、老师们和孔子学院的一些学生交谈之后,内心的担心和害怕都消失了。在一个好的集体里工作是一种幸运,更是一种幸福。刚刚开始工作不久,就是我的28岁生日,虽然不是第一次在国外过生日,却是第一次收到这么多同事和朋友的祝福。我记得生日那天,在克里夫里斯的同事们一起为我庆祝,孔子学院的全体老师为了我这个新志愿者写下了许多祝福的话语并且寄给我,收到卡片的那一刻,我不禁流下了感动的泪水。

## 丰富的中国文化活动

回想我在兰卡斯特大学孔子学院下设的孔子课堂近一年的时光里,在孔子学院本部的帮助下,我们的外派教师和志愿者,联合英国当地的小学、图书馆举办了多次中国文化活动。而每次的文化活动我都感受到孔子学院和孔子课堂一家亲的美好时光。从2016年的全球孔子学院日起,

孔子学院日孔院和课堂全体职工在小学的合影

安科斯霍姆小学就举办了中文和中国文化庆祝活动。活动包括演唱中国歌曲、表演中国功夫、感悟中国饮食文化等，不仅像往常一样赢得了学生的喜爱，也吸引了不少英国家长的眼球，加深了他们对中国文化的理解和兴趣。

或许是因为自己是中文专业的情结，从开始接触对外汉语这个行业起，就希望我们国家的语言文化能走向世界。经过近一个世纪西方国家语言和文化主导的全球化的时代，随着中国的不断发展和强大，现在逐渐轮到他们接受学习中国的语言和文化。我始终都认为中国语言和文化的传播不仅要在大学孔子学院、小学孔子课堂去开展，更要更大面积地在国外的社会铺展开来，所以每次开展文化宣传活动时，我既兴奋又紧张。兴奋的是今天又要有更多的人有更多的机会来了解我们的国家和文化，紧张的是害怕自己哪个环节稍有疏忽，自己的水平还不够，没能把中国文化淋漓尽致地展现。

剪纸是我一直以来的兴趣和爱好，于是我将它带入了孔子学院文化活动中。2016年冬季在布莱克浦市中心图书馆的一次中国文化活动中，我激动地看到英国民众们为了学习中国剪纸排起了长长的队伍，内心无比喜悦，同时也为这些异国的文化学习践行者对于中国文化的接受能力和实践能力感到惊叹，他们各种漂亮的作品，也给我提了个"三人行必有我师焉"的醒，要继续在中国文化方面进行开发和深造。

教英国孩子和家长学习中国剪纸

## 幸福的事业

孔子课堂的日常教学是我工作的主要内容。安科斯霍姆小学孔子课堂的课程安排分为中国语言和中国文化两个部分。因为是面向小学生的汉语教学，这就需要我们教师尽量将教学趣味化。要想集中小学生的注意力很难，但并非没有技巧，有趣的汉语课堂游戏和课堂活动最能激发他们的学习热情。所以在日常课程准备中，我都会加入一些游戏和活动。同时也会加入一些中国文化元素，于是我们经常听到孩子们说："Chinese is so cool." "I want to go to China." "I love learning Chinese." 学生们的这些话传到我耳朵里的时候，这是我作为一名汉语教师感到最幸运、最幸福的时候。

春节一直是海外汉语教学的一个完美的着眼点。2017年鸡年春节，孔子课堂为庆祝中国新年，举办了为期一周的中国新年文化活动。虽然高强度的一周连续的文化活动组织对我的体力和脑力都是双重的挑战，每天早出晚归，为学生排练中国文化的节目，但是看着学生们在舞台上出色的表现，流利地说着汉语，漂亮地说出准确的汉语声调，我的疲倦都烟消云散了。为了自己热爱的这份事业，所有付出都是值得的。

全校学生合唱中文歌曲《新年好》

## 结语

2017年春节已经过去，我带领着孔子课堂六年级的孩子们在元宵节这一天做了很多灯笼，用来装饰我们美丽的课堂教室。看着这一片红红火火的灯笼，不禁让我想起我们祖国的汉语推广事业。我由衷地希望兰卡斯特大学孔子学院和孔子课堂能像这些红火的灯笼一样，蒸蒸日上，在祖国汉语传播的事业中继续闪着光。祝愿华南理工大学与兰卡斯特大学共建的这所孔子学院越办越好，也希望我自己能继续为海外汉语教学贡献绵薄之力。

和六年级学生灯笼作品的合影

孔子学院故事系列

# 冬去春来

兰卡校园，秋色无边

刘曦芬

英国兰卡斯特大学孔子学院汉语教师

人到中年，大多数女性的关注点开始转向养生，而我却在内心焦灼催逼和外在形势的诱惑下，选择了跨专业跨国从外语教师到对外汉语教师、从东方到西方、从熟悉到陌生的异质化道路。这条道路对我这个年纪的人而言从一开始就充满了艰辛，笔试之后是面试，接着又是高强度的培训，外加多番周折的签证手续，我一路披荆斩棘、苦撑强熬拿了下来。那时见镜中的我，两鬓已悄然染上了白霜，我自怜更自豪。

## 从零开始，历兵秣马

在岗前培训的磨砺中，我悟出对外汉语教师的第一意识是要归零，重新开始，重新定位自己的身份。虽然考试和培训勉强过关，我仍然深感不安，为了胜任汉语教师这个工作，必须用琴棋书画等才艺装备自己。我在才艺方面并无禀赋，也无学习的经历，更没有年龄的优势，危机感颇重，所以在等待签证的过程中我没敢稍加停歇，天天坐在小板凳上对着电脑屏幕练习编结、剪纸这类的手工艺，一步一步地琢磨，拆了编，编了拆。等签证下来，我已经能编简单的手链和蝴蝶了。从笨手笨脚、一无所知到稍有领悟、略懂皮毛,我收获了一件件像模像样的作品,临别时当作礼物赠给同事好友,竟获得她们的嘉许。我一边巩固已有的语言和教学知识,一边积极努力地查漏补缺,夙兴夜寐,不敢懈怠,只为自己不愧对孔子学院汉语教师的这个称号,不辱汉语语言文化教学之使命。

10月的兰卡斯特,秋意正浓,它用最美的一面迎接我。抬眼处是蓝天白云、霞光万道,低头处是绿草如茵、牛羊成群,远眺是层林尽染、五彩斑斓,好不令人心醉。在这里和美丽的英格兰邂逅,我欣喜又欣慰。

伴随每位孔子学院汉语教师和志愿者成长、蜕变的应该是"宝剑锋自磨砺出,梅花香自苦寒来"吧。美丽,它的前身是磨砺!

## 风雨同舟,四海为家

兰卡斯特大学孔子学院在各届领导和同事的开拓和打造下办得有声有色,我算是享受了"前人栽树、后人乘凉"之福。张院长,还有其他在任的老师以及志愿者都是华南理工大学曾经的同事、学生,大家一见如故,英方沈院长和蔼可亲、幽默风趣,英方行政经理和助理也待我如自己人。

初来乍到,从饮食起居到教学办公都有这些可爱可敬的同事给予无微不至的关怀和悉心热情的指导。兰卡斯特大学孔子学院和其他孔子学院一样,因为工作需要,每个人都要身兼数职,负责教学、教务、考务和办公室各种琐碎的杂务,外加节假日的文化推广活动,我起初

孔院家庭,温馨和谐

既紧张又慌乱，幸而在这里有亲如家人的领导和同事，帮我度过难关。半年来，我们紧密团结、彼此守望、彼此勉励。他们浓浓的情谊，兢兢业业、任劳任怨的工作态度，开诚布公、合作分工的工作方式以及爱岗敬业的崇高的思想境界让我心生敬意。回想当初离开我深爱的华南理工大学研究生公共英语教学团队时，不舍与忧惧曾经困扰过我，但是事实证明我的担心是多余的。在亲人不在身边的日子，新的同事以关爱陪伴我，他们驱走我的寂寞，他们也帮我迅速地适应了新环境，走上正轨。他们的言行深深地感染和打动我，与他们为伍，大大地提升了我的归属感和荣誉感。

与广州相比，兰卡斯特的冬天漫长阴冷、昼短夜长。可是我们在异乡风雨同舟、依偎取暖，经常是外边凄风苦雨、昏天黑地，孔子学院里面却是灯火通明、热火朝天、欢声笑语，我们的温度成功地把冬天堵在门外。

遗憾的是，天下没有不散的筵席，这些可爱的人儿不久都会陆续先我离任而去，每每想到他们的归期渐行渐近，心中总会掠过一丝淡淡的伤感。我认定张院长、雷哥、琳琳、雪莲、丹丹、罗罗是等在我异乡之路上指引我前行的天使，即使有一天人去楼空，他们的一颦一笑也会留在我和每位学生的心深处。

## 风口浪尖，脚踏实地

许多年来，我对各国文明文化的异同保持好奇和兴趣，在学习和思考的道路上，我逐渐认识到东西方除了互通贸易、进行物质的交往，还应该在精神思想层面进行深层次的交流，获得相互理解和欣赏，彼此取长补短，才能促进人类文明的共同前进。互联网已经把现代人定位为地球上的一位居民，地理概念也应该随着现代通信技术的日新月异更新扩展。在过去的几十年，中国盛行西学东渐，我们在学习和借鉴西方文明上取得了长足进步，我试着从西方人的角度设想他们或许同样渴望了解我们。等我的愿景初步成形时，恰好赶上天时地利人和，国内国际形势大好，多元文化共存成为大多数人的共识，中国正在努力通过软实力的提升打造全新的国际形象，国家"一带一路"的战略和汉语推广事业相互辉映，我顺着这股历史浪潮加入了东西交流的队伍，迈出了实现自己愿望的第一步。感恩之余，就想报恩。然而，平凡的我知道自己不可能有惊天动地的举措，只能尽最大的努力坚持不懈地把小事做好。

  赴任不久，我担任的教学任务包含学分课和非学分课，校内、校外课程一共有五种之多，学生的年龄从十六七岁到六七十岁，且使用不同教材和教学内容，除了备课量繁重，更大的挑战来自英国教育体制突出以学生为中心，注重学生教育的人性化和个性化特色，课内课外对教师的期望都很高。教师上课是实实在在的投入，绝不容许偷工减料。我的学生都处在学习汉语的初级阶段，需要我手把手一个一个地领进门。尤其是面临对外汉语教学的共同大敌——语调，我每每使尽浑身解数，手势法、哼唱法、图示法和类比法，反复示范操练。在此过程我还要察言观色，关注和照顾学生的情绪，尽量不让一个学生掉队或气馁，这是我做老师多年来的偏执，只要有学生显露出厌倦的情绪，我是不能原谅自己的。于是一堂一个半或两个小时的课下来，体力上经常是像泄了气的皮球，精神却是极度亢奋，在办公室喘着气，还要在大脑里回放一下上课的镜头，有需要改进的地方立即修正。早期教拼音时嗓子发炎是家常便饭，于是我课后尽量节约用嗓，有时与同事打打手势，他们都心领神会，但是一到课堂看到学生又忍不住放声说话，热爱教学、乐在其中是我的主要动力。另外，大学的课许多安排在12：15—13：45或18：05—19：45，不像在国内有正点的吃饭和午休时间，所以不管在课前还是课后，吃饭都是狼吞虎咽，胡乱应付。但愿将来胃病不要来纠缠我，哈哈！课后经常还要回复学生各种各样的邮件，我从不让学生"有来无往"，尽量做到"有求必应"，我最不忍拒绝的是学生。

  对外汉语教师的工作场所不局限于教室，组织和承办文化活动可能需要我们到镇上的任何一个角落。在过去短短半年中，我参与了兰卡斯特灯展活动，接待过哈尔滨巡演团和兰卡斯特VIP，协助筹备和参与了两场美食文化体验活动,当然重头戏是春节。当国内的亲朋好友欢聚一堂共度佳节的时候,正是我们文化活动如火如荼开展的进行时。2017年2月5日,我们在兰卡斯特小镇上摆摊位,为了成功地举办这场大型的文化嘉年华活动,同事们个个都拿出自己的才艺,有画脸谱的、写书法的、表演功夫的、扮演熊猫的。张院长在百忙之余写上漂亮的"福"字,还再献剪刀工,她和我剪好满满一本窗花的样本,说既可供文化活动之用,又可为后来者参考,她不久将会从兰卡斯特大学孔子学院卸任,还时刻不忘顾及其可持续发展性。活动当天,因为没有搬运工,我们又装货又卸货,在校园和小镇上都可以看见我们拖车、扛重物的身影,我们被戏称为"女汉子"。然而活动一开始,我们又从女汉子摇身变成了通晓琴棋书画的大家闺秀。功夫不负有心人,活动吸引了许多兰卡斯特市居民来参加,连市长本人也来到我们的摊位前和我们合影。

无论是在课堂上教基础的拼音汉字,下课写邮件、回邮件,还是出外教孩子们写毛笔字、折灯笼、用筷子夹花生或剪窗花,一切都看似平淡无奇、波澜不惊。的确,怀揣梦想,脚踏实地做好每一件小事,是孔子学院汉语教师的工作情怀和写照。

Ripley高中生学习筷子文化

## 冬去春来,芬芳满园

除了汉语知识,经常被语言班的学生问及的话题还包括熊猫、龙、兵马俑、武术、中药、台湾、霸权等,我察觉到他们既好奇又有隐忧。有的学生说想去中国看看但不敢去,因为道听途说获得的信息告诉他们中国不安全,害怕因此会受到伤害,看来他们对中国的印象还停留在兵荒马乱的年代呢。为了消除他们的偏见,打消他们的顾虑,我有针对性地适时在讲解汉字和口语交际中向他们介绍中国的过去和现状，并对中英的不同之处进行对比分析。有时甚至见缝插针地给他们介绍有关音乐、服饰、绘画方面的一些艺术，用图文并茂的方式多角度让他们感知、鉴赏、体会中国文化的精髓部分，每次欣赏完毕我会请他们做移情处理，以优雅优美的艺术作品为切入点，从宏观的角度分析文化多元性的理据以及多元文化开展对话和学习的必要性，从理性和感性的角度修复他们对中国的认识和理解。

经过半年的教学相处，一部分学生开始制订去中国的计划。学分课的Melodie是个好学的学生，非上班时间也会经常给我邮件问汉语和文化方面的问题，我总是第一时间回复她，有几次她在我的口语课上直接就说："老师，您要是回国了，我就没老师了，好惨啦，我以后要去中国工作！"同班的Alejandro天真地问我他要不要找个中国女朋友，我感动不已。54岁的Laura连选两次非学分的初级课，她在图书馆有长时间繁重的工作，每周三晚上带着憔悴和疲惫来到孔子学院，等我一起去课室，坚持到最后披星戴月地回家，我劝她第二次只有在自己不懂的情况下来学习，不必每次都出席，她说："你的课我一定要来。"逢人还不忘把我夸一番，说我上课热情洋溢，用词准确。我不敢说她的认识是全面的，但渐渐地我们从师生变成了互相欣赏的好朋友。如今她已办好了去中国的签证，复活节她就要踏上去中国的旅途，她说我的课在思想上让她准备好了。Maria是兰卡斯特大学教设计的老师，她的学生里有中国人，除了修汉语，她还向我请教怎么教她的中国学生。我和她一起分析中国学生与西方学生在学习习惯、认知特点、思维方式方面的异

非学分课，座无虚席

同，她颇受启发，兴高采烈地说她有信心探索到教好中国学生的方法了。正所谓帮他人就是帮自己，最后在这个循环圈里，遵循的是亘古不变的"人人为我，我为人人"道理。每每收到学生的感谢邮件，我都由衷地感到欣慰。

也许我从前的装备和积淀没有白费，但我更愿相信，天生感性的我在课外课内都情不自禁地倾注了感情，学生感知力强，如果不是真情流露，以心换心，他们不可能亲近、信赖你。我们在这里的每个中国人，包括留学生、访问学者，特别是孔子学院的教师和志愿者，都是活的文化载体，没有什么比我们自身的言行举止更能展示我们谦和友善、勤劳包容的文化魅力了。

在 Ripley 中学的教学中，感动也曾降临在我和志愿者周丹身上。有一节课我们教学生编手链，有一个男孩在我们十二分的努力下也没学会，他的渴望和焦虑写在脸上，我也深感歉意，心想他可能只是觉得没面子吧，下周他就会忘了这件事。哪知下周再见时，他激动地向我展示了他编好的手链，告诉我他在家琢磨了很久，终于成功了。他脸上满满的兴奋无关面子，而是发自内心的对中国的兴趣。

在我的提高班的课堂上，每周都会见到三位六旬老人孜孜不倦地学习汉语的身影。翻开 Michael 的课本，密密麻麻地写满了注释和拼音，所有词语的注释他都参考《说文解字》标注，他说自己除了睡觉就是学汉语。Malcolm 和 Ann 的中文已经相当流利，但对我布置的课堂和课后作业从不含糊。他们坚持学习汉语多年，风雨无阻，对中文的专注和对中国文化的热爱让我佩服不已，让我对中国的汉语推广事业充满了期待。

我在写这篇文稿时，适逢兰卡斯特春暖花开、阳光明媚的三月，窗外又现湛蓝的天空，校园里到处花红草绿。我坚信，祖国的汉语教学和文化推广事业一如这灿烂的春天，充满生机，因为有一批拼搏奋斗的孔子学院汉语教师和志愿者在各处默默地耕耘劳作。我的工作又到了一个新的起点，"春种一粒粟，秋收万颗子"，祝愿所有的孔子学院汉语教师桃李满天下。

# 我的学生"毕业"了

**刘正红**

马达加斯加塔那那利佛大学孔子学院汉语教师志愿者

2016年3月7日至10月7日,日历纸被我翻过了整整七页。薄薄的七页纸,承载了我在马达加斯加工作生活的又一个半年。在这里,最害怕分离。不管让我去机场看多少次的"人来人往",送多少位老师离开,当我看到、感受到的时候,还是依然会难过伤感。

2016年10月7日,这不是一个普通的日子。这一天,我教的大学一年级的学生从一年级"毕业"了,马上就要去读二年级了。8月26日,看着三年级的学生穿着学士服从孔子学院毕业,内心一阵感慨,要是我

我的学生们

可以看到自己的学生从孔子学院毕业,那该有多好!之后和一位姐姐聊天,我告诉她:"我特别羡慕她们可以带着自己的学生走完他们在孔子学院的这三年。能够看着自己的学生从孔子学院毕业,那是一件多么幸福的事情啊。而这对于我来说,却是人生中的一个遗憾。"姐姐安慰我:"看着学生从一年级升到二年级也算是看着他们'毕业'了,只不过这个'毕业'有点小,但确实是在你这里'毕业'了。"的确,七个月,我的学生"毕业"了,在我以后的教学中再也不会有这样一群孩子了,一想到这个,内心就充满感慨,因为真的舍不得。

## 迟到调皮磨合期

2016年3月7日,我第一次走进孔子学院2016级本科一年级三班的教室。那个时候的我还挺紧张,因为不知道他们会是一群什么样的学生,也不知道他们会不会喜欢我上课的方式,同时也担心自己没

刚刚开始的旅程

有能力把他们教好。第一次见面,老师和学生们似乎都很拘谨,之后他们也唯我是听,我定的班规他们都一一执行。这让我错以为他们非常听话,错以为这半年我会过得很轻松。没想不到一个月,他们就开始散漫了,上课迟到的现象非常严重,而且有些学生十分调皮,总是在上课的时候打乱节奏,不做作业的学生超过班级总人数的一半。这种种情况让我难以置信,不知所措,沉郁难消,我总是扪心自问:这怎么会是我的学生呢?这怎么是我的学生做出来的事啊?我的学生肯定不能这样的。我该怎么做才能教好他们呢?

曾经好几次,我头一天晚上备好了课,第二天去上课的路上,人都

是轻飘飘的,心情"美美哒"。因为我想:嗯,昨天准备了很多有用的东西呢,今天学生又可以学到新知识了,真是太好了。可是早上8点走进教室一看,一个学生都没有!好,那就等吧!十分钟以后来了四五个学生,继续等了十分钟,又来了四五个。一个班三十个学生,半个小时过去了,只有三分之一的学生来了,快9点的时候,也就到了一半的学生,当时难过的心可想而知。那个时候这群学生仅学了两三个月汉语,可是因为生气,我也不管学生能不能听懂,就直接问了他们很多个为什么。为什么他们会这样,已经告诉了他们的班规为什么就是记不住,为什么答应了老师的事情总是做不到,为什么总有些学生喜欢挑战老师的底线,面对这样的学生,我为什么要那么认真那么用心地为他们准备上课的内容,那么努力地想把他们教好。最后我越说越生气,越想心里越觉得委屈,居然哭了。虽然当时觉得很丢人,没想到这一哭,却把学生唬住了。从那以后,学生就开始自己慢慢学习应该怎么做,怎么改善,当然我也还是会在日常的教学工作中教他们如何成为一名优秀的学生。

那时候因为这些学生刚刚和我组成新的班级,而我似乎还没有从以前的学生那里抽离出来,总是喜欢拿他们和以前的学生比较,说以前的学生有多乖多听话,不用老师管,现在学生怎么那么调皮,那么喜欢上课说话,那么不认真。总是会夸大以前学生的"好",天真地以为这样可以激励学生。没想到这样对学生未必好。有一次上课教的是句型"A还是B?"让学生造句。有一个学生就特别积极地举了手,然后说"刘老师喜欢以前一年级的学生还是喜欢我们?"当时这一句话直接就把我问懵了,只好微微一笑带过。那天下课回家后,我开始反

多少次的磨合才换来了你我的默契

HSK 模拟考试

省自己。我终于知道为什么他们和我有着那么多的不融洽的地方了，是因为我自己的心里还没有真正地喜欢上他们，没有和他们捆在一起，我还沉浸在过去。等到下一次课的时候，我很认真地向他们道歉，也告诉他们："我的学生我都喜欢，你们都是我生命里的一部分。至于会有多喜欢你们，就看你们有多好、多听话了。"经过了差不多三个月，我和我的学生才开始走进彼此的心里。

## 听话懂事努力期

经过三个月的磨合，我不仅和这些孩子越来越能够聊到一起，他们也越来越懂事和听话。师生间的默契也能够慢慢凑到一起。记得六月份的时候，孔子学院有一次合唱比赛，歌唱的主题是"青春与梦想"，我选了好几首歌给孩子们试听，让他们自己去选，他们给我的答案居然和我的想法一样。他们选的这首歌其实很难唱，但是他们却和我一样喜欢上了这首歌。这首歌是汕头大学的校歌——《大学问》，是根据 Beyond 乐队的《光辉岁月》改编的。歌词的大意是学生时代不仅应该好好学习，也应该学会做人。在之前的班级管理过程中，我就已经告诉过学生，汉语学习和个人品质修养是齐头并进的。因为学习汉语，我希望以后他们从事的工作和中国密切相关，希望他们的为人处世更像中国人一样踏实、简单、淳朴。因为之前了解到马达加斯加学生的身上有着一些小陋习，我希望通过我的努力可以帮助他们改变，让他们变得更好。

天气有点冷，听话的学生在树下练习"合唱"

这首歌就代表了我想说的一切。让我欣慰的是，这些孩子理解了我的用心。虽然合唱比赛的最后结果不尽如人意，孩子们没有唱好，他们都很难过，一个个都快哭了。但我反而觉得很高兴，因为通过这次合唱比赛，他们懂得了我想教给他们的东西。我一直都告诉他们，只要你们努力了，用心了，就够了。至于最后的结果就看一个"缘"字，是我们的就一定是我们的，不是我们的我们去争去抢也没有意义。

上手以后，自己越发地喜欢这些孩子，越发发现这些学生身上也有很多的优点。有些学生虽然调皮，但是他们很聪明，可以让课堂变得活跃起来。他们也很有创造力，可以让一个简简单单的主题课堂剧变得有

中秋节吃月饼，无比开心

声有色。在我适当的约束下，他们在课堂上开玩笑时也会适可而止了，也比一般的学生更有班级认同感。每次班级活动，他们总是冲在第一个，带动着其他的学生，充当着老师的小帮手。还有一些学生，平时不怎么爱说话，有时候你甚至会怀疑这孩子是不是很不喜欢上自己的课，为什么每次上课都

我们一起加油！

是"飘啊飘"的，可是却会在作业本上写上"我爱刘老师！"。我们的心都开始往同一个方向前进了，老师和学生也越来越像一家人了。我布置的作业，他们会自觉地去做，HSK考试也按照我说的去努力了。为了考试取得好成绩，大家还戒了"Facebook"。知道我生气了，他们也总是会想各种办法让我消气，逗我笑。曾经生气，难过，更多的是幸福快乐。当我与他们之间的感情越来越深的时候，我在马达加斯加的教学工作也渐渐走向了终点。

## 感动感谢别离期

我是志愿者老师，把学生顺利地送上二年级，我的使命就算完成了。其实内心真的特别舍不得，特别是当学生越来越懂事，越来越会用汉语表达他们感情的时候。班上有一个男孩子特别调皮，刚开始的时候让我很头疼，每次上课都会叽叽喳喳地说个不停。之前我一直想不通，他怎么会这么调皮？后来和同学们聊天了解到，他老家在外省——迭戈，他一个人租房子住在首都——塔那。他就像国内的"留守儿童"，爸妈在遥远的法国工作，从小跟着外公外婆一起长大，还要照顾自己的弟弟妹妹。了解到这些后，我心里开始心疼这孩子，所以上课的时候就给予他更多的关注。每当他说话、调皮的时候，我总是会当着全班学生的面批

评他，可是他脸皮也厚，无论怎么说他，他都是"嘿嘿嘿嘿嘿"地回应，毫不在意。但有一次上课的时候他过分了一点，我很生气地告诉他，他这样的行为一点都不像我的学生，他的眼里根本没有老师，以后我也不再是他的老师。那个时候我在气头上，本意是多关心他，让他觉得没那么孤独，觉得即使爸妈不在身边，他还是有朋友和老师的关心。没想到却被这孩子误会，以为我很不喜欢他，处处都在针对他，所以他跟我生了很长一段时间的气。后来通过其他学生的帮助，才慢慢把师生间的误会解开，他也知道了我的本意。最后他用日记的形式告诉我：因为他一个人住，所以每天都很孤独，他经常想念在法国的爸爸妈妈和在迭戈的弟弟妹妹。白天的时候还好，在学校有朋友的陪伴，这样他就不会太想他们。可是到了晚上，自己一个人的时候，他就特别想念亲人。当看到日记时，我觉得这孩子真的不容易。还好，最后，师生间的心结打开了，最后他变成我的"小护卫"。当我的课上有学生很吵的时候，他都会帮着我说"安静"。心与心的交流，最后留下的就是彼此的感动与感谢。

　　对于现在的学生，我其实内心是有亏欠的，因为相比去年，这一年我多了一些教学以外的工作，有的时候真的是很忙，所以除了上课我也

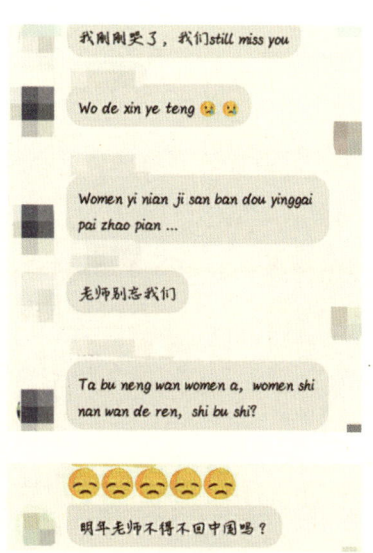

你们就是我的"泪点"

没有太多的时间去帮助他们。如果参加比赛的话，只能让他们自己去搞定去练习。我也知道，如果我有时间，哪怕是一点点，也可以帮助他们的汉语水平提高一些，可惜那时的我无法分身为他们做些什么。我知道学生心里会有对比，为什么别的老师总是帮着自己的学生，而他们的老师却只会说"老师今天有别的事要处理，你们自己来啊，老师相信你们"之类的话。有的时候答应了和他们出去玩，也因为时间的问题一直没有实现。好在学生都能听我解释，也不会太怪我。有的时候，学生看我太累，还会特地来告诉我"老师，你应该好好休息。你最近好像太累了"。

很早就有人告诉我，不管你对马达加斯加的学生花多少心思，他们第一个想到的都会是上帝，他们觉得这一切都是上帝带来的。我没有把这些话放在心上，我从来没想过要从学生身上获得什么，只想做好我自己想做的。可能也就是这样吧，学生反而不一样了。在最后一节课的前一天晚上，学生突然在 Facebook 上问我："老师，考试结束以后您还会教我们吗？"本来我已经克制自己不去想这件事情了，但是被他们这么一问，整个人的心都是疼的。当自己把一群咿呀学汉语的学生教到可以自由表达自己感情的时候，他们要去读二年级了。当我和这些孩子已经融为一个大家庭的时候，我们却要分开了。一个人对一些人、一些事，不付诸太多感情的话，是不是分开的时候就不会太难过、太伤心？

在马达加斯加的这两年，学生占据着我的大部分时间。为了他们，我好好备课，好好上课。这样我就不想家了，也不会想其他的人其他的事。非常感谢这七个月有这样一群"特殊"的孩子陪伴我，感谢！也真心希望这些孩子以后能够记住我说过的话！安好，祝福！

# 梦想在远方

文化传播使者 / 孔子学院教师故事

## 吕剑虹
**美国爱达荷大学孔子学院汉语教师**

*在风雪中傲然矗立的爱达荷大学行政楼*

去海外教汉语的梦想始于十五六年前,我的一个同事兼好友申请了国家汉办外派汉语教职,赴匈牙利布达佩斯罗兰大学工作两年。当时,孔子学院总部/国家汉办还没有正式挂牌成立,也没有大批汉语老师被派往国外。2001年到2004年我在日本旅居时,虽然给当地人教过汉语,赴日前后也都在国内大学上过对外汉语课,但我的梦想是作为一名国家公派汉语教师,堂堂正正地站在国外大学讲堂上教汉语,传播我为之骄傲的中国文化。

梦想只要持久,就能变成现实。2013年8月,我作为美国爱达荷大学孔子学院的首位汉语教师赴任,开始了为期三年的梦想之旅。

## 初到莫斯科

事先声明一下,我不是去俄罗斯的首都莫斯科,而是到美国爱达荷州爱达荷大学的所在地莫斯科市(Moscow)。这座小城只有2万多人,远离州府和大城市,且居民大多是师生,所以我们都自嘲是"莫村人"。

2013年8月23日,我从北京起飞,途经西雅图,到达莫村时,已是日落时分。一下飞机,就感觉到微微凉意,空气清冽,弥漫着青草的味道。孔子学院外方院长热情地到机场迎接我。从车窗外望去,天高云阔,远山连绵,金色的麦浪在落日的余晖下闪烁着光芒,别有一番诗情画意。我心里一阵欣喜,这种安静的田园生活正是我想要的。新生活就要在这里开启了,我满怀期待。

## 我的课堂

到达学校第三天,我就走进了课堂。在这之前有10多年,爱达荷大学都没有开设汉语课,想学汉语的学生要驱车20多分钟到华盛顿州立大学选修汉语课。从我到达的那天起,爱达荷大学有了自己的汉语学分课,学生们再也不用舍近求远去学汉语了!

爱达荷大学孔子学院的第一堂汉语学分课

因为之前汉语教学的空白,我在教材选用、课程设置、教学大纲、学习材料等方面从零做起,一点一点地建立和完善。由

课堂互动

于海外教学和国内汉语教学教法上的差异,我还利用课余时间旁听西班牙语和德语课程,从中体会不同语言课堂的特点和优势,为自己的教学所用。

我主要负责教授大学学分课程初级汉语和中级汉语。每个学期初,我的班级墙上都挂有汉语拼音表,他们从a、o、e学起,从会说一个词到会说一个句子,这中间付出了师生多少努力和时间,只有自己最清楚。

除了汉语教学，我还利用自己的专业背景优势，开设了英文授课课程"中国电影欣赏"。我从中国当代电影入手，以内地、香港、台湾电影为线索，选取15部优秀电影导演的作品，从电影元素（艺术手段）和文化元素分析电影，组织学生讨论，让没有汉语基础的美国学生通过电影媒介了解中国文化，激发他们学习汉语的兴趣。这种教学理念突破了以媒体为语言的教学服务、以主题为课程结构设计的局限，为学生提供了更为广阔的视野和文化空间。一名历史专业的学生告诉我，毕业前学校发放调查问卷，其中一项是"你在校期间最喜欢哪门课程？"他毫不犹豫地写下了我教的这门课的名字。

## 我的特殊学生

我在美国3年，共6个学期外加2个暑假，都在教授不同层次的汉语课程。我的学生包括高中生、大学生、教职员工和社区民众等，还有来自泰国、韩国、英国、巴西、沙特阿拉伯等国的留学生。他们走进汉语课堂，一起学习一种新语言，了解古老而现代的东方文化。而我们自己就是一张活的名片，代表着现代中国，我们的一言一行都会对学生产生一定的影响。

这里，我要讲一个特殊学生的故事。

2014年春季开学前几天，我收到一封特殊的电子邮件。发信人是爱达荷大学的一名本科生，叫Alana。她在信中说，她是盲人，但是很想学习汉语，能否注册孔子学院开设的汉语

藏族装扮的Alana在晚会舞台上自信美丽

课。她的请求让我有点为难,教书这么多年,还是头一次碰到这样特殊的学生。经过与学校残疾学生管理办公室和系主管领导的协商,我收下了这个学生。

上课第一天,我见到了Alana。她身材娇小、声音甜美,人也长得漂亮,是她妈妈陪着她一起来的。从那一天起,妈妈每天接送她上下课,从不缺席、迟到,风雨无阻。她上课非常认真,发音准确,对学过的内容掌握熟练,也能应用自如,很快就成为班里学习的佼佼者。这让其他学生对她肃然起敬。

经过一年零两个月的学习,她在听力和汉语口语表达上有很大进步。2015年爱达荷大学羊年春节联欢晚会上,她朗诵的配乐诗《梦想在远方》语言流利、情感充沛,感动了在场所有观众,成为整场晚会的一大亮点。为了准备这个节目,我和她在课余排练了多次。因为她无法阅读,我把朗诵内容先录好音,让她反复边听边记,再一遍遍带她朗读,感受诗的节奏和韵律。她没有学过汉语的盲文,所以就利用字母代替声韵母、数字代替声调,创造"自己的文字"来加以辅助练习。

下面是Alana在2015年春节晚会上的中英文朗诵稿,与大家共赏。

大家好!我叫Alana M. Leonhardy,中文名字叫李莲娜。我是大学四年级学生,我的专业是心理学。

Good evening friends. I am Alana M. Leonhardy. I have a Chinese name: Li Lianna. I am a senior student of psychology of University of Idaho.

2014年1月,我报名参加爱达荷大学孔子学院的汉语课程,到现在已经学了一年汉语,我很喜欢学汉语。可能你们会问,你觉得汉语难不难?你为什么要学汉语?

I like studying Chinese language. I registered for the Chinese course offered by the University of Idaho Confucius Institute in January 2014 and have now been studying it for more than a year. You might want to ask: Is Chinese difficult? And, why would I want to learn Chinese?

Alana（左一）和营友参观华南理工大学国际教育学院

我想说，汉语难，也不难。因为我不用学写汉字。我学过法语，我的听力不错。听说汉语很难，所以我想试一试，我想挑战一下自己。

Well, it is difficult. And it is not because I don't need to learn to read and write Chinese characters. I've learned French, and I know I am good at listening. I heard that Chinese is very difficult and so I wanted to try it as a challenge to myself.

你们可能还会问，你学汉语有用吗？你将来有什么打算？

You might also want to ask: Is Chinese useful to you? What do you plan to do in the future?

我觉得，中国现在发展得很快，现在世界上很多人都在学汉语。不学汉语你就OUT了。我想去中国旅行，感受真实的中国。我还有个梦想，就是我想以后我能当翻译，到中国去帮助那些和我一样眼睛看不见的孩子，让他们了解世界，实现自己的梦想。

As far as I know, China is a fast developing country and many people in the world are learning Chinese. And learning Chinese now is even something fashionable and cool. I want to go traveling in China to feel what is real about China. I have a dream. I want to be a translator and go to China to help those kids who can't see the world, like me. I want to help them know more about the world and make their dreams come true.

下面我为大家朗诵一首诗歌，叫作《梦想在远方》，希望你们喜欢。

Now I would like to read you a poem in Chinese: My Dream is Faraway.

蓝天有多高 How high is the sky?

河水有多长 How long is the river?

我曾静静地想 I have quietly been wondering,

也曾深深地向往 And yearning.

花谢花又开 Flowers withering and blooming,

云散云又来 Clouds coming and going,

只感叹时间 Like time,

走得太快 Flying, never waiting.

远方啊 The land in my dream

你那博大的胸怀 Broad and alive,

是否在等着我轻轻地来 Are you waiting for me to gently arrive?

千里之外 You are far, far away,

我不会嫌远 But I am not afraid.

只是路途坎坷 Although I would meet obstacles,

我总是摔 And often stumble.

不要着急啊 Do not worry,

请耐心等待 Please be patient.

等到桃花朵朵开 When peach flowers blossom,

我会给你个意外 I will surprise you.

2015年6月，她还报名参加了孔子学院组织的"中国文化之旅"夏令营。在北京和广州参观学习的日子里，她走进了故宫，登上了长城，到中国家庭去做客，真实地触摸中国，用心去感受博大精深又充满活力的中国文化。

## 我的感受

写到这里，我已经眼眶湿润。三年来的"莫村"生活历历在目，仿佛就在昨天。在那里，有我可爱的学生，有热情友好的美国朋友，尤其是我们孔子学院一家人，大家相处和谐愉快，互帮互助。薛荷仙院长亲力亲为，为我们做表率，同美方同事一道开创了美国爱达荷州汉语教学和中国文化传播的新局面。

辛苦并快乐着！带着远方的梦想，我们一路向前。正如诗中所写："千里之外，我不会嫌远。只是路途坎坷，我总是摔。不要着急啊，请耐心等待。等到桃花朵朵开，我会给你个意外！"

# 有一种留恋叫曾经在孔子学院工作过

唐飞燕

美国爱达荷大学孔子学院汉语教师志愿者

行走在俄勒冈州 Crater 湖畔

我是唐飞燕，华南理工大学高等教育学研究生三年级的学生。我有幸获得机会去美国爱达荷大学孔子学院做一名汉语教师志愿者。我，一位地道的南方姑娘去到一个不是在冬季就是大约在冬季的异国他乡，不仅仅是教汉语，还要在日常生活的方方面面传播中华文化的精髓，展示中国人的风采。"志愿者"三个字，任重而道远。

一年时间如白驹过隙，2015年的今天我登上了从上海飞往西雅图的航班，开启了我的孔子学院汉语教师志愿者生涯。一个如此热爱教育的人带着满满的期待与憧憬去到异国他乡做一名民间文化使者——孔子学院汉语教师志愿者，这样的场景我曾经在梦里无数次幻想过。一年后的今天，我坐在华南理工大学的教室里回忆这一年的点滴，依然对那里的一切怦然心动。岁月流逝，带走的是酸甜苦辣，沉淀的是智慧，当然也沉淀了十斤肉。

念念不忘，必有回响。2015年3月，我关注了"孔子学院"微信公众号，了解到华南理工大学有英国兰卡斯特大学和美国爱达荷大学两所孔子学院的志愿者选拔活动，看了相关硬性条件，心中窃喜，隐隐觉得其中一个就是我了。3月底完成网上申请并递交了相关材料，4月10日收到面试通知，4月19日上午参加面试。不到一个月的时间，我到图书馆查阅资料、去华南理工大学国际教育学院开设的汉语课堂旁听，向已经通过考试的伙伴们请教，各方打听面试经验，一路走来，我深刻地感受到机会总会垂青那些有准备的人，衷心感谢帮助我的老师们和同学们。

美国爱达荷大学孔子学院位于美国西北部的爱达荷州与华盛顿州交界处的莫斯科镇，一个美得如童话一般的小镇。我是多么幸运，在年纪轻轻就遇见一个满足了我退休以后生活所有向往的地方。这个小镇，共2万多人，92%为白人，爱达荷大学师生人数占了将近一半，地广人稀，经济来源主要靠生产土豆、小麦以及畜牧业。这里民风淳朴，当地老百姓家门从未上锁，无论走到哪，人们都是笑脸相迎，在那里的每个角落，空气中的每个分子都洋溢着热情、幸福的味道。所以我们孔子学院在当地开展工作很顺利，很少碰到摩擦，也拥有了一批孔子学院的忠实粉丝。

## 教学篇

我抵达莫斯科镇（简称"莫村"）第二个星期开始正式上讲台，上课的学生年龄跨度大，从6岁到50多岁都有，于我既是挑战也是惊喜。下面我以学生的年龄段分享我的汉语从教经历。

（1）对于幼儿园到七年级的学生，汉语对他们就像一首歌，一首动听又神秘的歌，汉字就像一个个美丽的音符镶在四方格子里而不是五线谱上，孩子们好奇的心被中国上下五千年博大精深的文化所深深吸引，在他们渴望的眼神里我就像个百变大师，总是想尽方法介绍中华文化的精髓，如中国的传统节日、中国的民族服饰、中国的美食、中国的大好河山、中国美轮美奂的古代建筑和今日的高楼大厦、中国的教育，等等。在这一点一滴的文化熏陶中，孩子们对中国愈发好奇、着迷。欢笑与汗水，甚至泪水的背后布满了欣慰和感动，虽然孩子们偶尔的调皮让你手足无措，但更多的是孩子们因为学会了更多中文、了解了更多中国的历史文

熊孩子们集体"结婚"啦

化及风俗民情后,脸上堆满的成就感。那是只有作为教师才能体会到的专属幸福。中小学,即使被虐千百遍,我依然快乐着。

(2)对于大部分高中生,汉语对他们已是第二甚至第三门外语了。美国的高中生很有主见,对自己也有清晰的认识,目标明确,尊重自己的兴趣,所以教高中生汉语是件很享受的事。学习中文对他们而言,不仅仅是掌握一门外语,也是了解一种文化,是完全不同的一种人生体验和生活态度。部分学生利用寒暑假参加爱达荷大学孔子学院的夏令营,跟着中美老师一起畅游中国,用舌尖尝遍中国大江南北的美食,用心去发现和体会中华悠久文明之精髓,用脚步去丈量中国之地大物博。

(3)对于社区课的学生,同一个班级学生虽然年龄跨度很大,但对于汉语的热爱是一样的,有男女朋友一起的、有母女俩一起的、有同事们一起的、有志同道合的朋友们一起的,每一堂课学生们都依依不舍地离开。来美国之前,曾听说在美国上课是不允许拖堂的,可是我们的社区课因为是安排在晚上,每次下课后学生们都意犹未尽,总是想要再多学一点。每个学生都是在自己百忙的生活中抽出时间来学习,所以格外珍惜这难得的一小时。对所学知识

个性十足的高中生

的痴迷，使时间、年龄、地点、性别、职业、国别都不是学习汉语的阻碍，因为他们心里拥有一颗东方之珠——中国，璀璨星空，他们知道有一个神秘的国度在遥远的太平洋彼岸，等待他们去体验其中的万种风情，去领略其文化的独特风采。

社区课——穿插中国功夫课

## 文化活动开展篇

我们孔子学院流行一句话："找对象首选孔子学院的汉语教师志愿者们。"上得了讲台，下得了厨房，走得了世界，守得住家园，耐得住寂寞，经得起喧哗……孔子学院的每个家人都是"多面手"，能文能武，能唱能跳，当然也要能说会道。每个月的中华美食之夜、中国电影之夜、太极晨练、书法展等需要我们组织，美国的节日我们要融入其中，中国的节日我们更要带动当地人民感受中国传统节日的魅力，所以我们几乎天天都过节，在孔子学院展现各种技能，孔子学院每个月的主题文化活动，成了当地美国朋友的必然期待。

爱达荷大学的校长非常支持和认可我们的工作，暑期夏令营期间，跟我们夏令营的学员们一

中华美食之夜——包饺子

起舞龙打鼓,校园里欢声笑语此起彼伏。

在美国的Homecoming Day,我们孔子学院大家庭齐齐上阵加入当地居民的庆祝中,博足了眼球和喝彩。

美国独立日,我们毫不逊色,将中国"龙的传人"形象活灵活现地展现在当地人面前。

爱达荷大学校长参与舞龙活动

暑期夏令营,我们的话剧表演,学生家长齐聚一堂,欢度暑假。

美国的 Homecoming Day 活动

美国独立日的舞龙活动

话剧表演合影

十一个月的点点滴滴足以让我铭记一辈子。虽然已回国一个月，每一幕依然历历在目。刚去时的秋高气爽，漫天落叶缤纷；每天脚踩自行车穿梭于各个校区之间，乐此不疲，连周围的空气都在舞动。爱达荷大学校园美得像极了一张油画，四季轮回不断在这张画上添油加墨。11月初的清晨，小小的莫斯科镇仿佛一夜之间变成了西伯利亚，一派银装素裹。除了铲雪车，世界似乎还在熟睡，我一步留下一个深深的脚印前往学校上课，再回首，汉语又何尝不是伴随着前辈们这样一步一个脚印走进世界各地人民的心中。不管严寒还是酷暑，不管刮风还是下雨，学生们一定在教室等你，他们求知若渴的眼神让艰难的日子如沐春风，莫斯科镇人民的热情相助，让寒冷的冰天雪地处处撒满阳光。

　　一个人若能在年轻的时候就找到自己热爱并愿意毕生去追求的事业，是一件值得庆幸的事，我已在教师的角色里沉醉，跟随爱达荷大学孔子学院的脚步让汉语、让中华文化在美国这片广袤的大地上播种、生根、发芽、开花、结果，与所有对外汉语老师一起奏响汉语这首最美丽动人的歌，让中文在世界的各个角落回响。感谢我梦想绽放的地方，我会想念莫村的一草一木，孔子学院的家人们的一颦一笑；当地热心的朋友们带给我的每一份感动，值得我用一生去回味。

　　如果用一句话来形容我在孔子学院工作的一年，我会说"不断超越"——不断超越语言的障碍，不断超越文化的融合，不断超越饮食习惯的差异，不断超越思维模式的不同，不断超越周围的环境，不断超越过去的自己……如果时光倒流让我重新选择，我仍会使出洪荒之力去争取这次机会。爱过才知情重，醉过方知酒浓，汉语教师志愿者，亲身体验过，才懂得其意义和价值，一生值得拥有至少一次。

孔子学院故事系列

# 那些人儿

唐淑慧

英国兰卡斯特大学孔子学院汉语教师志愿者

时隔1年,再次回想起在英国从2013年至2016年的这段志愿者经历,诸多美好的回忆浮现出来。

先给大家介绍一下我的工作:下图中的彩色线就是我在兰卡斯特大学孔子学院的工作足迹。自2012年9月加入兰卡斯特大学孔子学院以来,我主要承担当地中小学汉语教学工作(图中红色足迹),以及与此相关的中国文化开放日和夏令营活动(图中绿色足迹)。将汉语这颗小小的

我在孔子学院工作的足迹

种子植入孩子们心中,让其了解汉语,学习用汉语打招呼,表达食物、动物等,并体验剪纸、书法、用筷子、踢毽子、放风筝等中华文化特色活动。此外,还承担了当地三所大学的汉语教学培训(图中蓝色足迹),收益颇多。在大学里,我则主要参与学分课电影赏析、中国文化讲座,组织志愿者答谢宴等工作。

所有的追忆,归结到底,都是因为其中出现的人而美丽,所以接下来我便用笨拙的文字给那里的每个人画一幅肖像,珍藏心中,也与大家共赏。

## 肖像一 精益求精的L院长

L院长是个工作上的完美主义者和生活上的极简主义者,这应该就是工作狂的两个基本特质吧!L院长的追求完美是出了名的,尤其是对教学,几乎到了"吹毛求疵"的境界。常常把我自我感觉良好的一节课批得体无完肤,毫无还口之力,因为——他说的都是对的。

举个例子!记得在教学生们学习使用筷子时,他们普遍觉得难度较大,于是我便认真思考、多次实践,终于

**行走英伦的L院长**

发明了一套简便易行的三步教学法:先以握笔的姿势捏住一根筷子,然后将另一根筷子从外向里插进去,搭到无名指尖,最后移动握笔的手指,就可以夹住食物了。我先在一个班级试验了一番,学生确实掌握得快多了。于是我便兴冲冲地去给L院长汇报,L院长耐心地看我演示完之后,慢悠悠地说:"设想一下,这群孩子长大了,到中国旅游,坐在餐馆里,拿起筷子,先握住一根,又插进去另一根。旁边看呆了的服务员会问:'你的汉语是谁教的?'"想想还真是一幅挺滑稽的画面,于是我就成

了那个"你的汉语是舞蹈老师教的吧"的汉语老师。L院长告诉我:"汉语教学和文化传播一定要还原最真实的场景。"这句话深深地印在了我的心里。

这正是我最尊敬和感激L院长的地方,因为当你进入一个新领域,有前辈站在高处"说(教)"你,其实是件三生有幸的事情!正是这样,才使得我这个非对外汉语专业的门外汉迅速而准确地转换了角色。谢谢您,L院长,您是"精益求精是种态度"的标杆!

## 肖像二　全能的J老师

J老师是我所希望的未来自己的模样:上得了厅堂,下得了厨房;教得了汉语,秀得好英语;记得住细节,忘得了烦恼;做得了女神,拼得过萝莉;干得好工作,养得好孩子……而最关键的一点是,她是个对生活有热情、有坚

深受孩子们喜爱的J老师

持且敞开怀抱的人,很难想象,如果没有J老师,我的生活会逊色多少。

教学上,J老师是我的嫡系师傅,可以说是她手把手带我出师的。J老师连续听我的课一个月,带着晕车的不适,跟我一起东奔西走,针对教学中的每个细节给我提出了精准的意见。很多时候,当局者迷,旁观者清,自己看不到的问题,经旁人一指点才恍然大悟。后来的日子里,J老师也不辞辛苦一直帮我修改教案,讨论新游戏、新活动的可行性。L院长和J老师是我志愿者成长路上的两位恩师,在此谢过!

## 肖像三　语言专家C老师

到英国后见到的第一个面孔是C老师。因为飞机延误，加上我没有可用的联系方式，C老师一直在机场焦急地等了我很久。那时候，英国没有意外地下着雨，初秋的雨让人感觉冷

讲授成人汉语体验课的C老师

冷的，但是见到在外面等候的C老师之后，却觉得暖暖的，我到现在一直都记得C老师那天特意戴了一顶呢子的礼帽以方便我辨认。到孔子学院后，吃的第一餐饭是C老师家人包的包子，我拍照给同在英国的志愿者小伙伴们分享，她们大呼"这不科学"，足见这多么珍贵和幸福。

后来C老师知道我不是对外汉语科班出身，并且主要负责中小学教学，便将她从国内辛苦背来的一本大书借给了我，让我回去研读。这本书是《语言与儿童》，它对我意义确实很大。在日后的教学中，当我对活动安排拿捏不准时，便翻翻看看其中有没有指导性的建议。谢谢C老师的专家理论指引。

## 肖像四　英伦玫瑰C经理

C经理是兰卡斯特的孔子学院经理，她长得极富英伦范儿，一头棕色的齐耳卷发，微带笑意的褐色眼睛，常常是最保守的英式服装，大方而得体。她是一位极其贤惠而善良的人。兰卡斯特孔子学院因为刚成立，人手不多，多数行政事务都要靠C经理一人担当，但她从没有任何怨言，而且常常说这是她应该做的。

C经理还在很认真地学汉语，常常跟我们秀几句新学的句子。一次，

我结束晚上的电影课，去孔子学院还 DVD 时，看见 C 经理还在办公室认真地跟着视频练习口语。要知道英国人可是把工作和生活分得极为清楚，几乎从来不在下班后谈论工作上的事情。C 经理真是认真地为孔子学院奉献的人！

孔子学院开放日现场的 C 经理（右一）

## 肖像五　坚韧细致的肖老师

肖忠华老师是兰卡斯特大学语言学系的研究员，也是国际知名的语料库研究学者。肖老师对于开设大学学分课做出了巨大的贡献。虽然我们工作上的交集并不多，但是其中接触到的几件小事都让人很感动。

肖老师很安静儒雅，说话温柔中带着笑意。J 老师告诉我，肖老师当年读博士时每天坐最早一班车到学校，最晚一班车回家，没有一天中断，所以三年便拿到了博士学位，而且他之前对语料库语言学研究几乎是零起点。这种坚韧的精神也体现在大家平时的邮件沟通中。肖老师常常工作到很晚，给大家发邮件，他总是特别细致，如果有资料分享，一定把链接也附在旁边，方便大家查找。

但是这么一位好老师，却没能敌得过病魔。肖老师于 2016 年 1 月 2 日因病逝世，年仅 49 岁。

安静儒雅的肖老师（图中左前一）

## 肖像六　海外华人都是好样儿的——G老师

G老师是1980年代末去英国读语言学的硕士,毕业后便留在了那里。从事过很多行业,在当地经营过一家中餐馆,现在重回汉语教学的行业。

G老师有很多优点是我所不及的,第一条便是勤恳。她每天6点钟起床,坚持健身,常常提前两周把课备好,这还是建立在她每天要处理很多日常琐事的基础上。但她总给人一种举重若轻的感觉。另外一个优点便是谦虚。之前说过L院长常把我们批得体无完肤,每当此时,我心中都早已是五味杂陈、吸收不了,而G老师常常是不停地询问是否还有其他需要改进的,并认为这是最好的学习机会。此外,G老师

与G老师一起去小学举办开放日活动

沟通能力很强,不管是同事还是街头的工作人员,她总能以一两句幽默而得体的话打开话题,并有效地解决问题。G老师以及在英国的华人们,使我明白在国外生活的华人其实都是努力在打拼着。

## 肖像七　"打鸡血"的D校长

D校长是个地道但非典型的英国人,"地道"是说他土生土长,"非典型"是说他少了英国人的古板和冷静,却热情得像每日"打了鸡血"似的。

每周当我坐一个多小时摇摇晃晃的公交车,晃到学校所在的镇中心的时候,常常已是非常困乏。D校长这时常常一溜烟儿,驾着硕大无比的school bus潇洒地停在我面前,并以一句无比欢乐的"Are you all right, Shuhui?"来瞬间唤醒我,让我也极high地回复他"Yes, great, Mr. D!"。随之便是十分钟路程中,问我孩子们今天要学什么,谈他的中国行,谈下一步的教学计划,谈中英文化比较,谈鼓励小朋友的技巧,

偶尔也秀下他跟孩子们新学的中文,等等。一到学校,D校长总以一句"Enjoy your Anchorsholme(学校名字) Day!"带我冲进学校。有如此校长必有如此员工,走在教室外的长廊上,会碰到食堂的员工、给孩子补课的助教等。大家总是以"Morning, love!"或"你好!"此类的话来跟我打招呼,让我觉得生活如此暖心。

D校长还是个十足的中国迷。他第一次到长城的时候,感动得哭了;他常常向我炫耀在上海时喝的中国功夫茶,买的质优价廉的手表甚至砍价技巧;他把从西安背回去的兵马俑模型摆在学校入口的展示台上;他支持我教孩子们做眼保健操……当我征询他是否可以教授孩子们中医、太极拳时,他若有所思地说:他相信能够传承千年的东西,肯定是有道理的。这所小学是当地小学中唯一一所没有开设法语、德语、西班牙语等外语课的小学,汉语是他们唯一的外语。D校长说,即使不学这些印欧语系的语言,在这些国家凭借英语,也是可以猜得到路、找得到吃的,但是不懂汉语,在中国却是完全行不通的。而且随着中国的崛起,汉语定是一门必学的语言。既然形势已定,那他希望自己学校的孩子可以领先于其他孩子,早学早打基础。这条逻辑链,在我看来是极富智慧的。后来,Anchorsholme小学的汉语教学在当地也算小有名气,新年时当地

来广州考察时的D校长(右三)

电台针对"汉语成为第二大外语"的议题做了一期节目，邀请了D校长和学校的学生，其中有人质疑说："中国人大部分都会讲英语，我们没必要学习汉语。"D校长以"我们学习的不仅是汉语，我们学习的更是文化"来击败了对方，颇有《孙子兵法》里"知己知彼"的智慧。

## 肖像八　古灵精怪的孩子们

每个班级真的是自带风格，常教的八个班级，各有不同。最得意的一个班级是一所偏远乡村小学的高年级（Year 5 & 6）班Class3，这个班级的班主任是个不怒自威、和善的中年妇人，常常笑眯眯地跟孩子们一起学汉语。提问和比赛时，有时还会悄悄地给旁边的孩子提醒答案；但一旦有人捣乱，她只需轻轻走到孩子桌前，敲敲桌子再给他一个眼神就搞定了。这个班级的孩子很乖，留下的作业必定认真完成，课上的游戏活动也是乖乖照老师的指示去做，还会很自觉地完善专门的中文笔记本，所以他们的汉语水平也是最好的。

如果有可以跟这个班相媲美的班级，那么非Class 15莫属，这是一个整齐而又活泼的班级，如果说Class 3的汉语水平高，有部分是靠勤奋得来的话（他们课下会根据中文笔记本复习），Class 15则真正是"玩中学"，且竞争意识很强，全班两个组在每周的比赛中你争我抢，最终在不分秋色中共同进步，这是我最喜欢的。

当然也有让人"头疼"的班级。Class 14的班主任是不肯轻易安静下来的老师，有其师，必有其徒，这个班的孩子们也从来不打算停歇一刻，每次在这个班上课都要花费我三倍于其他班级的精力来跟他们斗智斗勇。不仅要调高音量，还要调整预警模式，随时准备把交头接耳的小朋友提溜起来回答问题或做小老师，还要加快节奏，不要给他们喘息的时间，否则立马乱成一锅粥而不可收拾。不过，有一群这样的对手逼着我，倒是感觉有趣不少，也使我在"斗争"中不断进步！

而每个班级中，也总有几个小朋友古灵精怪到让人不能忘记。

Connor是个瘦瘦小小的男孩儿，平时上课多安静不作声，自从一次

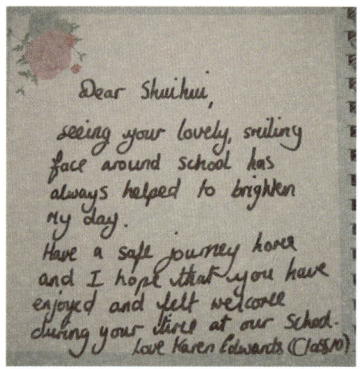

孩子们制作的纪念相册和留言册，里边有每个孩子的笑脸和大家的祝语

学十二生肖，我让他表演动物之后，Connor 就一发不可收拾地成了汉语课上的 superstar。他是个天生的演员，对于动物、兴趣爱好、天气季节等，哪怕是食物饮料，他都能不紧不慢、胸有成竹、投入而又出人意料地表演出来，然后全班安静思考片刻，集体说出那个汉语词汇或句子时，Connor 便得意洋洋地回到自己的座位上。

给孩子们起中文名字时，他们一度认为自己的英文名对应的汉语是有特定含义的，所以常常迫切地想要知道自己名字的中文意思。有个小小的女孩子叫 Georgia，我起初给她起的名字叫"乔娅"，并告诉她"乔"有高的意思，可她一本正经地跟我说她不高，这个名字不对。于是我给她改成"娇雅"，她才开开心心地拿走了自己的姓名卡。

Sian 是个热情而聪明的女孩子，她和她们小组的小伙伴们，常常喜欢把中文词汇用很有节奏的调子读出来，并伴着节奏让整桌的人随之摇摆，所以学习起来效果极佳。Sian 还经常能将前后知识非常巧妙地连起来，造出一些让我都非常惊讶的句子。因此她确实是名副其实的汉语课 superstar！

最后，送给大家一幅图也是一句话：活好此刻。

兰卡公交车司机的中文纹身
（他确切地知道这句话的意思）

# 我与孔子学院

田婧

美国爱达荷大学孔子学院汉语教师

我的背影

我与孔子学院的缘起，一点儿也不神圣。作为教了十多年英语的老师，我只是想出去看看，不是走马观花旅游的那种看，是在那里工作学习生活，是切实的体会，而美国爱达荷大学孔子学院恰好给了我这个机会。2014年夏，当我踏上那片陌生的土地时，我却没有想到，两年的时间，孔子学院于我，会从"能让我出去看看的一个机会"，变成一个我随时牵挂的家，让我在他乡遇到最美的自己。

## 有压力才有动力

孔子学院的工作很辛苦。与国内的工作相比，孔子学院的工作无疑是极其繁重的。仍记得2015年秋季开学时，由于志愿者还没有到位，而志愿者新学期的工作却已经安排好，所以孔子学院的各位同事都在超负荷工作。我负责孔子学院在外开拓的新课堂，所以大部分课程都是新课，而我的学生也包括了从幼儿园到小学、中学和大学，分布在三个学校上课。那段时间，我的生活，除了吃饭睡觉上课，几乎都在备课。而且，由于是第一次给低幼年龄的学生上课，缺乏课堂管理经验，面对精力旺盛的美国小娃娃们，我每天都筋疲力尽、声嘶力竭，甚至因为压力过大，身体出了问题，不得不去医院看医生。幸运的是，经过与孔子学院领导沟通，我与所在学校的中文项目负责人探讨了有关问题，恰好该负责人的专业就是幼教，她耐心地向我介绍了这个年龄段的孩子的特点，传授了一些经验，并借给了我一本书。后来孔子学院领导还特意组织了几场关于美国课堂管理的讲座。这些经验和知识，对我之后工作的开展有很大的帮助。外方院长在听过我的课后，对我的课堂管理和内容安排给予了很高的评价，说："田婧，你天生就是做老师的。"

由于工作量大，我开始学习时间管理。我学会了列工作清单，学会了利用零碎时间，学会了取舍。所以，在美国的两年，疯狂工作的同时，我还学会了享受旅行的快乐。开着我的老爷车，我几乎走遍了美国的大西北，同时心里也萌发了要走遍中国大西北的梦。

## 有挑战才有目标

孔子学院的工作也很有挑战性。美国普通学校里有很多特殊学生。我的课堂上，几乎每个班都有特殊学生，有智力水平远低于同龄人的，有自闭症的，还有学习能力有障碍的。他们看上去和同龄人没有差别，但是在同龄人的课堂上，他们不管是课堂纪律还是学习，都与同龄人差很远，同时他们又是脆弱的。美国有特殊教育专业，老师也都需要接受相应的培训，但我没有。

记得第一次让六年级的孩子写字的时候，我发现一个孩子紧咬着牙，一只手紧握着笔，另一只手紧握成拳头发抖。虽然我早已经发现他上课一直不专心，还以为他对汉语没兴趣，并想着怎样能激发他的兴趣呢，看到他这副样子，我还是吓了一跳。我轻轻问他怎么了，需不需要帮助。第一次问的时候，他说没什么。隔了一会我再次走到他跟前说："不用怕，你有什么问题都可以跟我说。你不想写字吗？"他才说："我不喜欢学习。"之后，就再也不肯说什么了。为了不过度刺激他，我取消了写字

我和学生们

任务，改成了口语练习。下课后，我没有回办公室，而是直接找到那所学校管教学的老师，说明了孩子的情况。那位老师才告诉我，这个孩子不只是汉语课如此，其他课也一样，对学习有强烈的抵触心理，学校的相关工作人员也在积极跟家长沟通。这样的解释让我非常惊讶。我一直以为，不爱学习只不过是熊孩子贪玩，没有想到还会有这样强烈的心理影响和身体表现。我不得不修改课程内容，使出浑身解数，尽最大可能减少他在课堂上的焦虑感。在学习"饮料和食物"的时候，我还自己做好了牛肉、鸡蛋等食物，买好饮料和水果，把教室改造成了一个小小的饮食档口，把孩子分成售货员组和顾客组，让他们在教室里做起了生意。

看着那个昔日视学习和写字为仇敌的孩子，也在教室里走来走去买饮料喝，我的心才算是放了下来。为了教好这个孩子，我付出了极大的耐心和爱心，遗憾的是，我没有相应的专业知识。我相信如果我有相应的专业知识，我会做得更好，也许就可以让他从喜欢课堂的热闹，变成喜欢热闹课堂上传

我为学生烤制的酥皮月饼

授的知识，没准还能让他喜欢上写字。虽说有遗憾，但是我也明白了，原来教育如此复杂，而致力于教育，将是我不变的追求。

## 有尝试才有收获

孔子学院的工作还很多样化。除了课程的多样化，还包括各种各样的文化活动。孔子学院中方院长薛荷仙老师是个公关能力极强的人。在她的带动下，在爱达荷大学的中国留学生和访问学者也纷纷加入到孔子学院的工作队伍中，八仙过海，各显神通。孔子学院的传统项目剪纸、书法等不用说，还有非常专业的舞龙、烹饪教学等。两年中，与同事合作，我上台表演过太极，做过节目主持，担任过晚会音响效果协调人，做过活动策划，负责过夏令营从计划到实施到总结的每一个环节。我跟国内的朋友开玩笑说，以后失业的时候我可以开婚庆公司了。

夏令营小学员包的粽子

在脸谱绘画课堂上

每次在朋友圈里展示这些活动的照片时，朋友们都纷纷夸赞，并因为看到我有这么多从未示人的技能感到惊讶。殊不知，这些"技能"都是在各种活动之前练习了很长时间以后才做得到的啊。除了"技能"突飞猛进，为了在活动中能够营造更好的氛围，尤其是在夏令营那帮没有一刻清闲的小朋友的影响下，本来性格还有些许矜持的我，竟然也开始学着卖萌耍宝，偶尔犯点傻气，除了逗孩子一笑，也让自己的生活变得有趣了起来。

## 结语

在孔子学院的日子，工作和生活密不可分，而身边的人也都兼具同事、朋友和家人的三重身份。难以忘怀的东西很多，薛院长亲切的叮咛，吕老师像大姐一样的关心，和柳娟老师的并肩作战，跟唐妹妹出游的美好，还有小杨同学出神入化的摄影技术……现在的我，闲时还会回首，内心充满感激，感谢孔子学院给了我这个机会，感谢帮我走过这一路的所有人。

孔子学院故事系列

# 莫斯科——你的名字是爱

许红豆

美国爱达荷大学孔子学院汉语教师志愿者

## 爱达荷等于土豆州？

莫斯科小城位于美国西北部爱达荷州。爱达荷的土豆是很出名的，但爱达荷大学孔子学院所在的地方却一颗土豆都不产。虽然北部农场不种土豆，但它实实在在是一个农业州。记得坐飞机从它的上空飞过时，我只能看到零星散落的稀疏房屋，其余的就是大片金黄色的农田和连绵起伏的小山包。爱达荷自然风光优美，可以进行丰富的户外活动，比如钓鱼、划船、打猎、滑雪等。莫斯科市人口约有2万人，居民和善而热情，治安良好。莫斯科是一个非常宜居的恬静小镇，风光旖旎，舒适宜人，让人徜徉在秋天树叶由绿变黄、山岭由喧嚣变萧瑟的时光里。

## 一个志愿者的日常

来美国之前，在北京培训的日子绚烂多姿。那正是北京一年中最美好的暮春和初夏时节，没有雾霾，只有万里无云的蓝天和路旁娇艳欲滴的鲜花。在"宇宙中心"的五道口，我们得以参加诸多外语教学专家的讲座，倾听诸多过来人由衷的建议。如著有《语言和儿童》的教育家Helena Curtain，她的言传身教，她的体验式教学，让我对她的理念有了沉浸式的领略和掌握，对我的教学大有裨益。我们的小班试讲课也第一次让我体验到作为老师的责任和快乐。在北京语言大学培训的四十多天里，通过理论与教学实践的结合，我的教学能力和思想觉悟得到了提升。

我们来到莫斯科的第二天就分配了教学工作。我们中的汉语老师有教大学的、高中的、初中的、小学的，还有教社区课的，几乎每个人都不止一个工作点，至少兼顾两个地方的课。这让我由衷感到这里的"汉语热"，汉语之花已经在这个小城灿烂地绽放了。

我的工作重心是教学，初中三个年级每天各一小时的课，低年级每周两次课，每次半个小时，社区课一周两次在晚上上课。所以我的学生有特别可爱的、"嗷嗷待哺"的幼儿园学生，也有成熟独立的成人。

小学四年级学生的创意汉字画：大和小

除了教书之外，我们志愿者还要负责孔子学院的一些日常行政工作，比如整理档案、活动拍摄、写新闻稿等等。此外还要主持一些文化活动，比如一月一次的中国电影之夜、美食俱乐部等等。总体来说，工作量不小，但我把自己当成文化传播的大使，把此次汉语教学当作一次文化传播之旅，一切劳累都会烟消云散，一切都是非常值得的。

作为应届本科毕业生的我，在去参加汉办北京培训之前，毫无讲坛经验。而如今，教书已经从曾经的陌生、新鲜变成了今日的娴熟。我教中文的地方是莫斯科一所叫作 Palouse Prairie Charter School 的特等学校。Charter School 是介于公立和私立之间偏公立的学校，主要靠政府资助和家长捐款办学。学校有自己的教育理念，非常注重学生领导力和性格的培养。这里的学校都是小而美，一个年级只有一个班，一个班上最多也只有二十来个学生。学校很小，老师和学生也很少，大家每天都在一个屋檐下，彼此都非常熟悉，见面就嘘寒问暖、击掌、拥抱。我和这群美国孩子们的感情也越来越深。在这所学校里,一百多号人全都是我的学生。说实话,记住外国人的名字是挺不容易的,因为他们的名字并不都是我们在国内常听到的 Jack 或者 Rose,很多名字就像奇怪的字母组合一样,以至于一开始我都不知道该怎么念。但是经过日复一日的相处,我不仅能记住他们的名字,还对他们的性格和学习情况了如指掌。我的学生有小而甜美的"小不点",也有虎背熊腰的壮少年,和不同年龄段的孩子相处需要不同的策略,不同的方法。很多时候,我刚带领完幼儿园的小朋友唱唱跳跳,就要立马冷静下来带领中学的大孩子们演练生词句子,这对我来说是不小的挑战。圣诞节前,有很多学生送我小礼物,还有学生烤了一大盘蛋糕送给我,这算是对我的肯定。在美国的这小半年,我的教学经验一点一滴地积累起来,由一个没有真正上过讲坛的小白老师,成长为一个能教下至六岁的幼儿园小朋友、上至十四岁懵懂叛逆的青少年的小有经验的老师了。

教学的大部分时间,我都开心满足。印象特别深的是有一次,我对六年级的学生有些放纵,所以他们上课渐渐开始有些吵闹。我向校长反映了这个情况,校长和他们语重心长地进行了一番谈话。让我意想不到的是,他们居然一起给我做了一个幻灯片,说明他们有什么需要改进的地方,以后会怎么做,诚恳地道歉并说我是最好的老师。当我看到这些的时候,内心仿佛有一股暖流经过,

幼儿园小朋友学写毛笔字

感到特别温暖。自那以后他们"改过自新"了,非常用心地听讲。让我感到温馨的小事还有很多很多:孩子们的一个拥抱,留在我桌上一幅小画,小朋友遇见我时,用中文说"你好""再见",等等。

当然,教学中也有苦恼和伤心的时候:当学生违反纪律,屡教不改的时候;当有些学生进步很慢,跟不上全班进度的时候;当需要绞尽脑

汁设计课题，为了让学生们在轻松好玩的环境中学到东西的时候，但苦恼过后，我总是能反省自己，找方法解决问题。看着孩子们认真的小眼神，听着他们开心的

小学五年级学生学剪灯笼

笑声，感受着他们的热情，我真心觉得自己是世界上最幸福的人。

## 小城里的喜和乐

小镇的生活和在广州的天差地别。广州有大城市的热闹，莫斯科有乡村的野趣。三天两头和同学聚餐、逛街买衣服、看电影、玩桌游的生活在这是不可能实现的。因为当你环顾四周时，你会发现自己无处可去。没有好吃的中餐怎么办？自己做！记得刚来的时候，我们几个新志愿者都不会做饭。现如今，把自己喂饱，顺便满足一下自己味蕾的本领还是有的。漫长的冬天里，我们和几个中国学生常聚在一起吃火锅，配着屋外"未若柳絮因风起"的大雪，甚是惬意。圣诞节时，我还把火锅带进了美国寻常百姓家，在学校的同事家里，带她和她的家人体验了一次中国式美食文化和餐桌文化，他们对火锅赞不绝口，赞叹中国人发明的这种吃法既和谐又温馨。

刚到莫斯科小城的时候是八九月，天气还非常暖和，周末我们会经常驱车到周边游玩，或去湖边、水库钓鱼，或在湖边看别人钓鱼；或去山上踏青；或者跑到其他城市吃顿饭。到了11月小镇就正式进入冬季了。这里的冬天让在中国南方长大的我觉得以往我根本就没经历过冬天。2016年的雪季绵延数月，从11月末一直下到了来年3月初，仿佛永远不会停。第一次体验"千里冰封，万里雪飘"，一夜大雪后，就置身一个纯净无瑕的仙境，白皑皑的一片，树上结着雾凇，到处都是及膝的积雪，

这种感觉既新鲜又美妙。没下雪的时候一直盼着快点下雪，记得某个夜晚，窗外忽闪忽闪地亮着光，才发现，原来是下雪了！雪在窗外飘落下来，像是一闪一闪的星星，又像是挥动翅膀飞舞的萤火虫，更像是一片片洒落的樱花带着太阳的余光，真美啊！冬雪虽然美丽，但也意味着寒冷、危险与不便。雪积久了，就会变成冰，每天走路都得小心翼翼，生怕脚下一滑，扑哧就摔倒了。当然，美丽的景致、雪地的野趣和新鲜的体验才是这个冬天的主旋律。雪地里的运动非常有趣，我最喜欢的是雪地滑板，从高高的山坡一出溜滑到坡底，任冰雪甩在脸上瞬间融化，有无限欢乐。

## 写在最后

在莫斯科，我成长、收获了很多。这里的生活温暖有爱，因为这里有无比淳朴和友好的居民、同事和学生。在莫村的闲暇时光如陶诗："采菊东篱下，悠然见南山。"这里有广袤田野、连绵山峰、皓月繁星和清新空气，也有可看到可爱的羊驼的农场和热闹的农民市场。

这美好的一切都是因为人的经营，因为孔子学院大家庭里每个人的努力，汉语之花才能开到远隔重洋、翻越高山方可达的北美小镇。因为有院长、留任志愿者的关怀和帮助，我在异国他乡的生活才会这么顺利。因为有可爱的学生，我的每一天才会那么快乐和满足。

速度与激情齐飞 snowboarding

# 我的志愿者生活

杨健俭

美国爱达荷大学孔子学院汉语教师志愿者

## 开启圆梦之旅

　　北风过境，秋去冬至，悠悠小村，转眼又是一季。我的人生，注定因孔子学院汉语教师志愿者这个身份而与众不同。

　　记得电影《后会无期》里有这么一句对白：你连世界都没有观过，哪儿来的世界观。当时觉得很有道理，祖国的大好河山确实看过不少，但自己的确还没有机会去外面的世界走走、看看，所以世界观还是不完整的。机缘巧合之下，我开启了自己的圆梦之旅：以孔子学院汉语教师志愿者的身份漂洋过海来到了世界的另一边——美国爱达荷大学孔子学院。

## 我的汉语教学之路

　　爱达荷大学坐落在爱达荷州莫斯科市。和所有的freshman一样，初来乍到，我对周围的一切都充满了好奇，如画的风景、友善的人群、清新的空气、独特的文化，这些美好的事物一次又一次地冲击、更新我的世界观。虽然西方文明很先进，

"莫村"之春

但是我很清楚自己的任务是中学西传，而非西学东渐。明确了自己的目标之后，我的汉语教师志愿者之路正式开启。

师傅领进门，修行靠个人。由于非科班出身，我对自己的教学能力一直没有很大的把握。幸运的是，我身边有一群经验丰富、乐于助人的老师，在他们的指导和帮助下，我逐渐掌握了其中的门道与方法。

Moscow Charter School（MCS）是开启我汉语教学之路的第一所学校，其中文名叫"莫斯科特许学校"。该学校课堂氛围轻松活泼，和蔼可亲的校长也让人丝毫感觉不出高高在上的威严之气。在MCS的一个学期，我任教的班里共有8个学生。一开始，教学并没有想象的那样轻松，学生的学习热情也不是十分高涨。不过从平时的教学反馈来看，学生们对于汉语学习还是有着强烈的好奇心，个别学生的语言天赋真的让我欣喜惊叹。看他们求知若渴的模样，我决定要下更多功夫，认真教学。

莫斯科中学书法课堂

掌握一门语言必然从发音入手。如果说汉字是汉语的精华所在，那么拼音就是汲取精华的引子。对于初中生，学习拼音并不是一件难事，因为拼音字母与英文字母除了发音有区别外，字形都一样。因此，拼音教学的进展很顺利，唯一碰到

在莫斯科中学进行文化推广

的难题就是"ü"这个字母的发音。由于语言习惯,美国学生很难区分"ü"和"u"这两个韵母的发音。后来,我回想起培训时老师曾经教过我们帮助学生掌握"ü"字母的发音的方法:先发出"i"这个音,再慢慢变口形。在后来的教学中我尝试采用了这一方法,学生很快掌握了其中的诀窍。回想起来,真是十分感谢当初培训老师们的指点。

语言和文化是有内在联系的。因为对中文有兴趣,学生们对每周一的"汉语言文化课堂"充满了期待。美食文化是中华文化的重要组成部分,所以,中华美食成了我提高他们学习汉语热情的"诱饵"。饺子、春卷、扬州炒饭、什锦炒面等,我会不定期地亲自下厨,给学生们做饭,让他们尝尝"地道"的中国菜。在品味美食的同时,也少不了食品词汇的学习。由于结合实际生活,关于"食物"的词汇,他们学得毫不费力。课程按计划推进着,学生们的学习效果越来越明显:从一开始的拼音、简单词汇,再到后来的句子、语段,听着他们略带口音却非常努力地比划着、说着,我的喜悦之情溢于言表。

天真烂漫的学生们

对外汉语教学,特别是中小学生的汉语教学,一定少不了美工与音乐。这个时候的汉语课堂也充满了欢乐与热闹,剪纸、窗花、民乐纷纷登场。很庆幸自己小时候学习过二胡,让我有机会展示这一乐器;剪纸、中国结则要归功于培训期间老师们的辅导。看着孩子们边学边玩,不亦乐乎,欢声笑语不绝于耳,我仿佛回到了童年。

中国也好,美国也罢,哪儿都有爱学习和不爱学习的孩子。爱学

博伊西春节演出

习的自然无需多操心，但是碰到那些不爱学习的"熊孩子"，一开始我还真是束手无策。由于中美两国教育体制的差异，国内那一套用来对付不听话学生的方法在这里根本行不通。在我蹙眉无奈之际，爱达荷大学孔子学院的中方院长薛荷仙、美方院长 Matt 特意为我们任课教师安排了两次课堂管理培训，虽然不能保证在今后的课堂中做到游刃有余，但的确受益良多。在此，我非常感谢两位院长的培训与帮助。

2016 年春，莫斯科特许学校的汉语学习队伍越来越壮大，从小学到初中，从刚开始的 8 人到 49 人，我的内心是快乐的。虽然称不上成果，但其中收获满满。

## 结束语

工作之余我也会登山临水，享受自然的美景，特别是作为一个体育、旅游、户外三位一体的爱好者，过去的一年，我跨越了雷尼尔雪山，趟过了 Lochsa River；虽与 K24 失之交臂，但走进过篮球圣殿 Staples Center（斯台普斯中心），还驱车 2 000 英里、徒步 5 小时找寻深山温泉并得偿所愿……

篮球圣殿——斯台普斯中心

一辈子很长，但空有时间并不会让我成长；一辈子很短，唯有经历让我的生命丰富、延长。2016 年我很知足，行走在孔子学院传播中华语言文化的路上，观赏了无数的美景，体验了与美国中小学生交流的苦恼与欢乐，感受了美国孩子学习汉语的热情，收获满满；2017 年行将上路，我将继续向前走，让孔子学院汉语教师志愿者这一段生命历程成为我人生不可磨灭的记忆。

# 我的志愿者生活

## ——至于秋，经过冬，迎来春

杨洲绿

英国兰卡斯特大学孔子学院豪赛德小学孔子课堂汉语教师志愿者

### 序言：命运奇妙无常

我是天津财经大学翻译专业的在读研究生。

大约在七年前还未上大学之际，我曾在挂历上霸气地写下"去英国"这三个字。

两年前回望过去，仍嘲笑自己年少轻狂。欲赴异国他乡，岂是你想去就去？

一年前，我得到去英国的机会，只想跃跃欲试。

大约半年前，我来到了英国。

只不过和我设想的不一样。我以为我应当是作为一名留学生来此，而实际上，我是以一名汉语教师志愿者的身份来的。

命运这个玩笑时常开得让你意想不到。就像你去一个地方，你可以乘坐火车，亦可以乘坐飞机。虽说形式不同，终点却是相同。

### 活力四射的兰卡斯特大学孔子学院

尽管被促狭的机舱折磨了10多个小时以至于身体疲惫得处于半醒

半梦之间，但刚踏上大不列颠的土地后，依然觉得是新鲜大于劳累，就像乡巴佬进城——东张西望，处处皆美景。原来教科书与电视上说的令人向往的英国乡村真是不假，更因此时天际的熹微之日亲吻着大地，飞机在纯蓝的天穹留下缕缕浅白的轨迹，让旅程的舟车劳顿消退了不少。

　　日子掐得刚刚好，来到兰卡斯特之际正逢大学新学期，我们有幸参与了大学举办的学生会和国际处联合举办的"兰卡斯特世界日"，如此盛大的活动绝不能少了我们孔子学院的风采。为此，我们都穿上了印有中国特色脸谱的T恤衫，迎接新生的到来。活动中，我们带上了中国风的贺卡，印制了与汉语学习有关的宣传单，更重要的是我们准备了笔墨纸砚，只要他们愿意提供英文名，我们就将其译成中文，以笔墨的形式赠予对方，展示我们的书法艺术，以此吸引了许多对中国文化感兴趣的人。

　　活动一开始，我们的展台并未引起大的关注，大部分学生还是冲着当地的其他学生活动展台而去。对此，我不禁担心起来，是否因为我们的宣传力度不够？但我想"纳新"的前一天我们孔子学院的所有人都在忙前忙后处处张贴关于中国文化的海报。是否因为内容不够丰富？可我们不仅有书法课程、汉语教学，还有影视文化、中国功夫等，内容不可谓单薄乏味。正当我忧心忡忡我们的展台是否就此冷场至结束时，陆续来了几批客人，后来还排起了长队，说是帮他们的家人和朋友写下中国的名字，我们便开始忙得不可开交，甚至连张凤春院长也亲自提笔。于是画面就成了四位志愿者与院长都在润笔、捋笔、提笔、收笔。张院长时不时地向前来咨询的人介绍我们的书法文化。大概是与其他展台欢腾喧闹的场景相异，一些记者便开始将镜头对准专注下笔的我们咔嚓几声，甚至示意我们举起作品以方便拍照。这就引起更多的人群前来希望我们能为他们的名字提笔。

　　所以，不坚持到最后，你很难想象结果会是什么。

## 驶往豪赛德的过山车

　　在兰卡斯特，张凤春院长和张雷老师盛情地招待了我三天，随后我离开本部温暖的怀抱前往新开辟的孔子课堂所在地——豪赛德小学。

与我同行的是去孔子学院第一家下属孔子课堂（安科斯霍姆小学孔子课堂）的刘同学。司机送上一个志愿者到达了目的地后，接下来的路程便只剩我与他。刚刚踏上这片英伦土地，只知道周围的人唇在翕动着，至于他们所言为何，我也仅能根据他们的比划猜个不到一半。还好，只有车轮碾压马路的声响；还好，只有一路过山车般的颠簸；还好，司机也沉默着，只尽着送人的任务。从兰卡斯特大学去豪赛德小学的路上有的是长长的柔软的荒草随着大风摇摆起伏，像是被飘柔漂洗过的柔顺；有的是短寸绿野小山坡，像是被理发师精心修剪过。牛羊们兀自嚼着草，路中几辆快车穿梭，它们仍然淡定自如。这让我不由地想起"唐顿庄园"的场景。

像是坐了一次加长版的过山车，一个小时左右的路程颠簸得我五脏六腑全都移了位。我谢过寡言却多助的司机送我抵达目的地，疼的左手提着从本部带来的各种教具，酸的右手拖着巨型行李箱站在豪赛德小学面前。

我期待与它成为亲密伙伴。

## 关卡与挑战

一位相貌平凡、员工模样的人接待了我，后来才知道他就是豪赛德的教学负责人 John。他身材圆乎乎，憨得像只"国宝"，工作热情十分高涨，帮助我完成了入职手续。

不知怎么的，当他问我一些教学方面的问题时我总是很紧张。我知道初来乍到仍有语言障碍，尽管基本听得懂，但从来没有如此长时间地集中精力听英语。况且开口时脑海却一直在思考句子的主谓宾，思考问句应该使用哪个助动词，思考陈述句应该使用什么语态。因此一个下午的时间，脑子就烂成了一滩浆糊。这也正是我所担心的地方。因为想要在上课期间与孩子们默契配合，就必须得克服听力与语言障碍。倘若缺了听力能力，你无法获得信息，也就无从知晓该回应什么；倘若缺了语

五年级学生的首堂汉语课

言能力,你就无法收集信息,也就无从知晓该表达什么。这样的我该如何站上讲台,如何传道授业解惑,如何传播中华文化?

值得庆幸的是第一周是观摩课。从中,我窥了个大概。有时教师让孩子们坐在座位上,有时让他们坐在地毯上;教师所用的课堂用语我也逐句记下,这对我的课堂管理十分有用;教师所使用的各种教具我也会观察。这块板的用处为何,那块板又将如何使用。

很快,第一周过去了,第二周到来了。这意味着自己即将上讲台面对着眼前30多双孩子的眼睛。但毕竟第一次上台,自己也拿捏不好教师的角色。十余年以来一直被讲台上的园丁教授着,觉着教师也不过如此:往讲台上一站,执一支粉笔,翕动着一张嘴,注视一群学生,不过尔尔。可当真正转换角色,才知晓那是多么不易。第一次上课的前两天,白昼黑夜里我时刻都在思考如何将知识分析得让孩子们理解。知己知彼才能百战百胜,可我连对方的情况都摸不透,我也无从知晓该落哪一颗棋子。因此,那段时间总有干呕的征兆,我知道这是一个人过度紧张的表现。同时,这段时间又像一个语重心长、喋喋不休的老人,只会告诉学生:"You have to remember this, you have to remember that..." 以至于上课中全是以乏味无聊的两两对话来操练他们的 Mandarin Chinese。

## 开启甜头的大门

"其实地上本没有路,走的人多了,也便成了路。"第一次上讲台,或许在外人看来,并不像一位教师,但是你在上面站得久了,教师的影子也逐渐出来了。在此十分感谢后来阮老师的点拨与帮助。在开学初期,我会准备好下一节课的讲课稿,将其熟读乃至背诵,从所使用的词语到每一句课堂用语的组织我都会请教阮老师,我担心学生会听不懂我的中式英语,我担心学生不理解我说的句子,我担心学生不能吸收我所教授的知识。就是这样连续几天后,慢慢地从怯场到不怯场,说话从原先的支支吾吾到后来几乎能不假思索地脱口而出,从原先机械式的对话操练到后来逐渐加入了课堂游戏活动,从原先学生们上课沉默到后来课堂逐渐活跃,我都觉得是一种进步,也慢慢觉得,原来我内心可以感受到真正的快乐,这种快乐不同于你买一双耐克鞋,买一块吉百利巧克力的物质享受,而是觉得你的努力给别人带来了开心,而他们恰好用这种开心来回报你,满足你内心的需求。

如果说阮老师是我教学方面的启蒙者,那么后来的李老师则是我的伴随者。新年的那个学期,各个年级几乎都要排练节目。我为了使我负责的年级的节目更加出彩,更是不断绞尽脑汁,时常在许多细节上卡顿

在 Blackpool 市中心两家孔子课堂联手为 2017 年春节庆祝活动工作(我是这个团队唯一的男士)

而停滞不前。每每这时候，李老师总会给我提出许多建议与意见。有她在，不仅使我遇到的问题迎刃而解，更重要的是志愿者团队遇到的分歧也逐渐瓦解，彼此间的关系也更加紧密团结。

## 结语

  指缝很宽，时间太瘦，时间悄悄从指缝间溜走。初至秋，走过冬，迎来春，我在汉语教学方面不仅品尝到了憋屈，品尝到了愠怒，品尝到了如意，也品尝到了暖心。可当回溯过去时，憋屈、愠怒、如意、暖心都像是一个不可分割的有机整体，使我的回忆更加充盈丰满。毕竟，倘若回忆里都是甜，那也就没有甜可言。酸甜苦辣，缺一样都不行。现在我还会听到个别孩子下课跑来兴奋地对我说"我喜欢汉语课"。每当这个时候我就觉得，你们的快乐就是我不断前进、继续努力的动力。我真感谢这些学生如此包容我，让我的信心未曾泯灭；也要感谢在教学方面给我提供诸多帮助的阮老师与李老师，以及时时在生活中或校园里为我解决各种问题的John，还有团队里的琛同学与顾同学，没有你们的协助，我尚不能有如今上课姑且算是应付自如的进步；感谢张院长的相中与一路以来一贯的鼓励，否则我或许就跟兰卡斯特大学孔子学院从此擦肩而过；更感谢自己的家人、朋友、导师和领导，是你们让我拥有了巨大的勇气一路走到今天！

  路，没有终点，能走多远，量力而行。我依旧会不断披荆斩棘，竭力升华自己！

# 你好！兰卡斯特大学孔子学院

张雷

英国兰卡斯特大学孔子学院武术教师

## 初识孔子学院

2015年10月3日，我作为孔子学院一名武术教师和另外两名汉语教师张琳琳、李雪莲一起登上了飞往英国的航班。在此之前我对孔子学院的工作知之甚少，通过赴任前三周在大连外国语大学的培训，我对孔子学院的工作、任务和意义有了一定认识，明白这是我们国家软实力提升的体现；是提高中国国际声誉和影响力、让世界了解当今中国的重要途径之一。但我的内心还是七上八下，带有诸多疑问，我将面临什么样的工作环境？跟什么样的中外方同事一起工作？面对的是什么样的学员？兰卡斯特是一个什么样的地方，我能很快适应那里的生活吗？也许是老天故意增添我们未知旅途的艰辛，航班

兰卡斯特大学

在阿姆斯特丹转机时因天气不能降落也无法按期飞往曼彻斯特，而转飞至法兰克福。坐在密闭的机舱内等了9个小时之后再飞回阿姆斯特丹。但是何时能继续旅程还不清楚，我们能做的就是在机场候机厅的地上席地而卧，等待通知。在度过了一个难眠之夜，延误了20多个小时之后，终于抵达曼彻斯特。欣慰的是当我们在傍晚疲惫地拖着行李抵达孔子学院的时候，中方院长张凤春老师、经理Colette、方久华老师已经在等待迎接我们，为我们准备了鸡汤和饺子！旅途中的疲劳一下子烟消云散。而且他们提前为我联系好了住房，让我一下飞机就能有一个温暖的家。

## 我的教学

经过一个星期短暂的适应之后，我就开始了工作。记得第一次课，在面对十几个学员说完"Good afternoon"之后，看着这些老老少少的外国人，有几秒钟我竟然愣在那里，不知道接下来该说什么！我意识到从今天开始我是外国人，不能讲一句中文，要用英文授课，这是对我最大的挑战。虽然在来英国工作之前也做了些准备，但是太极拳中的技术动作和术语多使用古文，国内虽然也有翻译成英文的版本，但是都是以字意翻译，不

太极拳展示

仅难记，而且难懂。跟学员们说完之后，他们也是一头雾水，对动作的记忆帮助不大，教学效果不理想，教学进度非常慢。我开始怀疑自己，我能教会他们吗？他们能够学会太极拳吗？开始的几周是我最苦恼的阶段。经过一段时间的摸索，我想还是应该用他们容易接受的方式来讲解。在此过程中，张凤春院长给了我很多帮助，跟我反复推敲演练如何用最简单、直接的英文来讲解技术动作。在课堂上，我也会针对一些动作名称和技术特点跟学员们探讨用什么样的英文词句来表达会使他们更容易理解和接受。这些对我后面的教学有很大的帮助。

学员们都是太极拳的初学者，以前只是听说过而没有接触，所以在学习的过程中难免会出现心里紧张、动作僵硬，甚至是尴尬的时候。为了缓

**市内太极拳教学**

和气氛，我在教学的过程当中，经常会利用休息时间跟他们聊天，说一些他们感兴趣的话题，甚至开一些小玩笑。虽然有时候我的英文还不能表达完整的句子，甚至只能说出一些关键字，但是这并不妨碍彼此之间的交流。有的还因此成了好朋友，请我去家里作客。

经过几轮的教学之后，我的英文讲解能力有了很大提高，学员们学习的进度也比以前快了。他们在学习的同时，也影响着周围的人。对武术、太极拳感兴趣的人也越来越多。孔子学院从最初开设的针对初学者学习的 8 式太极拳，到现在已经增设了 24 式太极拳、42 式太极拳、武术基础以及武术提高班。授课地点也从校园辐射到了兰卡斯特市区和布莱克浦（Blackpool）的孔子课堂。人数从最初的十几人增加到目前的 60 多人。他们的年龄从几岁到七十几岁，有些是母子、父子、夫妻一同来学习。不仅有英国本地人，还有在英国学习工作的俄罗斯、美国、日本、土耳其、爱沙尼亚、法国、特立尼达和多巴哥、葡萄牙等国家的人。从 2016 年 9 月开始，兰卡斯特大学孔子学院在市区设置了教学点，目前已经开设了两个班，人数保持在 40 人。有的学员甚至是同时参加两个班，体现出他们对太极拳的热爱。有的学员甚至每次要坐一个小时公交车来上课，面对这样的学员，我不能有一丝的倦怠，生怕辜负了他们渴望学习的热情。只要坚持，就能看到收获。学员 Andrew 是第一期学员，至今已经学习了 50 周。最开始连侧压腿都蹲不下去，现在已经能轻松做到，而且已经学到了 42 式。他是个滑雪爱好者，他说练习太极拳之后，

他的下肢力量得到了明显的改善，对于滑雪有很大的帮助。

我上课最远的教学点是距离兰卡斯特30公里、位于布莱克浦的安科斯霍姆小学（Anchorsholme Academy），那里设有我们的孔子课堂。每周去一次，每次往返3个小时转2次公交车，午饭就在快餐店解决。这也是我有生以来第一次给小学生上课，孩子们调皮好动。有时搞得我手足无措，严厉又不行，和蔼又不起作用。每次都是在课堂工作的汉办老师王恒、石英、赵建楠以及他们的班主任帮助下维持纪律。他们的校长Mr. Dow是一个非常喜爱中国文化的人，每次我给小学生上完课后，他就号召老师们来学太极拳。中文是这所小学唯一开设的外语课，之前的法语、德语、西班牙语等外语都被汉语取代了，在教室、走廊到处可以看到中文标识和中文字画。由此可见，兰卡斯特孔子学院为推广汉语付出了多大的努力。

安科斯霍姆小学上课

在安科斯霍姆小学表演太极扇

学员们学习太极拳虽然多是出于健康的目的，但是在学习的同时，他们会主动地去了解中国的文化，中国人的生活，甚至是跟我说几句学会的汉语。有几位老人在圣诞节的前夕，为我和志愿者罗国旺送上红包，他们说知道中国人在过新年的时候有送红包的习俗。他们还对中国人的生活充满了好奇。你在中国开车吗？中国人为什么不喜欢日本？听说中国现在可以生两个孩子了，是吗？你的家乡是哪里？你会说广东话吗？有的孩子还会问你有 iPad 吗？你喜欢哪支球队？

## 我们的文化活动

除了上课之外，孔子学院还经常举行一些文化推广活动，比如不定期地去当地博物馆、活动中心等地举行中国日活动、国际论坛、中国文物展、书画展以及每年一度的英格兰西北孔子学院龙舟赛，每次都能吸引不少的市民参加。最受欢迎的活动应该是去附近的中小学做中国文化推广活动，教他们学中文、唱中文歌、用筷子、学剪纸、做手工、放风筝、踢毽子等。其中去过最远的一所小学是 Hellifield Community Primary School，往返 100 多公里；也

龙舟赛

新年活动

去过全校只有 16 名学生的 St. William's Catholic Primary School。每次活动都非常受学校和孩子们的欢迎，孩子们有的时候兴奋起来会忍不住地扑向你、抱住你。每一次这样的活动都让我体会到，传播中国文化的深刻意义，在他们年幼的心里已留下了中国的印记。谁知道通过这样一次中国文化活动的体验，会不会影响到他们今后的生活和未来呢？

## 我的生活

工作只是两年来在英国的一部分，适应国外的生活也同样重要，如果日常生活出现问题会直接影响工作。由于老师们住在校区，距离市中心比较远，学校周边都是村落和私人的草场。每到周末，孔子学院的老师们就相约去城里采购一周的食品。遇到天气好就走路去，背着包、拖着车浩浩荡荡，一路上有说有笑，有无限乐趣。偶尔会以各种理由去下饭馆或者到某位老师家里聚餐，热闹一下，增强彼此之间的交流。孔子学院会记得每位老师和志愿者的生日，在那天会为寿星送上生日贺卡和蛋糕，处处体现了人文关怀。

作为一名武术教师，给自己安排的业余生活多是跟运动有关的。能够保持经常运动，维持身体的运动机能也是我工作的一部分，当其他老师在备课时，我就经常抽出时间去运动，回国后还要继续为祖国的体育事业奋斗呢。学校的运动设施比较齐全，有很多的体育俱乐部，每周我都会根据时间进行一些体育锻炼，参加一些俱乐部的活动，比如网球、羽毛球、排球、骑自行车、跑步、游泳、野外徒步，甚至是滑雪。除了自己运动之外，还带动孔子学院其他老师参加，老师们在这里都学会了游泳，并形成爱好坚持下来。

**俱乐部登山**

我们是跨文化交流的使者，在传播中国文化的同时，体验当地的文化则能更好地了解这个国家，从而能够增进彼此之间的交流，相互学习。英国是一个喜欢户外活动的国家，崇尚自然，注重环保，通过主动参与他们的活动，从另一个角度让他们了解到我们和他们有着同样的价值观和生活方式，我们并不是被西方某些媒体抹黑的异类。

虽然在英国的生活充实而有意义，但是远离祖国，远离亲人，难免会有思乡情绪，以及对于家庭责任的一种愧疚。出发的时候，女儿刚刚上高三，即将面临她人生中的第一次大考，这个时候她最需要的就是父母的陪伴，与她一起奋斗。她妈妈只好一个人承担了两个人的角色。她们对我也给予了足够的支持与理解。好在现在通信方便，可以随时了解她们的情况，经常给她们加油鼓励。如今女儿也考上了她心仪的大学，成为一名大学生。

## 结语

通过在英国一年多的工作和生活，我深深感到了祖国的强大和实力的提升，也得到了大多数英国人的认可，尤其是那些学过中文，或者去过中国的人，他们很愿意跟你分享他们了解的中国。我越发理解孔子学院在增进世界人民对中国语言和文化的了解，发展中国与外国的友好关系，促进世界多元文化发展所起的作用。它就是中国的一扇窗口，不仅有利于中国走向世界，也有利于世界透过这扇窗口更好地了解中国，为构建和谐世界做出了重要的贡献。我为自己能够从事这样一份工作而自豪。

# 不虚此行

## ——记在孔子学院工作生活的日子

张琳琳

英国兰卡斯特大学孔子学院汉语教师

孔子曰："逝者如斯夫，不舍昼夜。"在英国兰卡斯特大学的孔子学院，我终于深刻地体会到了这句话的含义。蓦然回首，我来到兰卡斯特大学教授汉语已经有一年半的时间了。回顾这500个日日夜夜，脑海中浮现出的是初来乍到的新奇，登台授课的紧张，伏案备课的辛苦，完成任务的喜悦。林林总总，如电影片段般在眼前掠过。在感叹时光荏苒的同时，我不禁也感谢这段生活所赠予的领悟和体会。作为一名对外汉语教师，在紧张地适应环境、工作和学习的同时，也面临诸多烦恼和挑战。一路走来，其中感受非一言所能道尽。

还记得在汉办培训的时候，我们学到了对外汉语教师要肩负"责任感、使命感、荣誉感"，如今我对这口号般的内容有了最直观的感受。在此将自己的感受简单记录，为这一段生命历程留存记忆，也与诸位同行分享。

### 我所在的孔子学院

我所在的兰卡斯特大学孔子学院成立于2011年12月，现在已经运作了五年多。兰卡斯特大学位于英格兰西北部兰卡斯特市。这是一个只有不到 5 万人口的小城，有古堡石屋、小河流水、绿草山坡，空气清新宜人，人们和蔼朴实。

兰卡斯特大学建在距市中心约 5 公里处的地方，有相对封闭的校区，孔子学院就设立在校园西北处的 Round House 里。顾名思义，Round House 就是一座圆形的两层小楼，一楼的大部分地方都是属于孔子学院的。步入一楼大厅，首先映入眼帘的是摆满了各式中国特色展品的展示架，经常可以看到有学生和学校员工在前面驻足观赏。它凝聚了孔子学院建设者们的心血。大厅墙壁上挂着几幅中国字画，一股文化气息扑面而来。右手边是一面照片墙，这是张雷老师提议并着手布置的，现在它已经成为孔子学院展示的一个窗口。上面的上百张照片定格的是我们在孔子学院工作和生活的瞬间，每每观望，犹如翻开自己的日记本，在孔子学院的点点滴滴都重新浮现出来，心潮澎湃。大厅里面放置了四张电脑桌供志愿者和学生们使用。孔子学院的四个办公室环列四周，我和另外两名教师使用其中最大的一间，内设书架两列，每人一张电脑桌，办公用品齐全。一眼望去，紧凑而温馨。工作期间，我们就在这里探讨、交流教学工作的方方面面。

自从我第一次踏入 Round House，我就喜欢上了这里。它虽空间有限但资料丰富，虽座位局促但交流方便。每到这里，我便会忘却自己是在异国他乡，更多的是跟同事好友一起并肩战斗的点点滴滴。如今，根据汉办和兰卡斯特大学之间的协议，将会翻修改建 Round House，届时

Round House 外景

兰卡斯特大学孔子学院内一瞥

孔子学院的办公场所将会扩展至二层，以全新面貌来迎接未来的发展。而如今的布局将会作为兰卡斯特大学孔子学院历史的一页珍藏在我们每个人的心中，想起来还真是伤感呢。

## 我的教学工作

在孔子学院从事汉语教学工作，其复杂多样性是我始料未及的。在任期刚开始时，我负责的是孔子学院三个年级的非学分课，学员中有想对汉语浅尝一试的在校学生，也有对汉语情有独钟的退休老人。另外，我还给一个研究生班以及当地中学的一个高中生班讲授汉语。在对周围环境还没熟悉的情况下，我便开始了多层次的对外汉语教学，不可谓不惶恐。于是我卯足了劲头，一边备课一边听课，一边思索一边请教，就这样一学期的课竟也圆满完成了。现在回头看，这期间的教学还有不少缺失和遗憾，可更重要的是我这个初涉对外汉语教学的新人已积累了第一手的教学经验，也生出了不少教学的信心和勇气。

Ripley 中学汉语课

很快，我开始了学分课的教学。将汉语教学引入大学的学分课是兰卡斯特孔子学院汉语教学的特点和亮点。作为全英国为数不多开设汉语学分课的大学之一，它成了一些学生选择兰卡斯特大学就读的重要原因。因此，学生们对汉语学分课的教学质量期望颇高，而教师上好学分课的责任重大。在此期间，我不仅需要观摩其他教师如何上课，还要仔细研究前任教师的备课记录，结合当前学生的学习特点来设计课堂教学。除此以外，对学生上课人数的登记，拿送登记表，上传课件，与其他任课教师保持教学一致，每五周一次的考试安排，出题和改卷，这所有的一切都需要任课教师谨慎小心地进行，稍有差池，后果严重。其中令我感到最有挑战性的是二年级和三年级的听说课，尤其三年级使用的还是新教材。新课加上新课本，学院不时开会讨论教学内容，强调教学质量，加上我不足的教学经验，让我倍感压力。后面没有退路，我只能咬牙前进。对外汉语语法教学一直强调"精讲多练"，听说课更是要让学生们多听多说。但毫无目的机械性的操练不能激发起学生的学习兴趣，产生不了应有的效果。教师需要利用多样的训练形式和丰富的课堂互动，调动学生交际的积极性。为了达到这种目的，我认真设计课堂的每一个问题，每一个环节。找图片，翻资料，截音频，下视频，每次两小时的课都要用几倍的时间来准备。课堂教学进行得顺利，我高兴；偶有教学火花碰撞，我惊喜；倘若学生反应沉闷，我

**大学三年级汉语听说课**

则沮丧。一颗心竟然随着教学效果而上上下下。但也是这全身心的投入，使我在教学中不断摸索着，思考着，体会着，也进步着。在巨大的挑战下，我竭尽全力将工作和生活安排得有条不紊，把全部心思用在教学上，最终赢得了学生们的肯定和称赞，这是对我工作的最大回报，其中的欣慰和鼓舞无以言说。

　　春节期间到多个小学宣传介绍中国春节更使得我的教学对象缤纷多彩。从学龄前到 6 年级，我们给不同年龄阶段的儿童讲解汉语和中国文化。虽然授课内容有限，但是准备活动要细心充分。上课的课件、剪纸材料和工具、毛笔和墨水、毽子、筷子等往往堆满了一推车。就这样拉着车，我们一个班接一个班地进行汉语文化教学，中间连一分钟的休息时间也没有，教学从早上 9 点到下午 3 点，中午 1 小时的午休也只是吃着自己带的简易盒饭，辛苦程度不言而喻。但是当我看着孩子们好奇的

眼神，答对问题时明亮的笑脸，手捧灯笼、红包的欣喜，用稚嫩的童音说着"我要去中国""汉字真酷"时，心里又充满了无尽的幸福感和成就感。这是对外汉语教学这段经历赋予我的宝贵的体验，我会珍之藏之。

Bowerham 小学"中国新年日"活动

在院长和老师们的共同努力下，孔子学院教学工作稳步前进。但作为一线的任课老师，我觉得我还需及时总结教学工作中出现的问题和不足，以便促进教学质量的提高。例如：在培训、听课、研讨和总结的几个方面如何及时跟进才能不断提高汉语教学质量；面对汉语教材的不足，如何更好地应对和弥补；如何更有效地协调汉语读写与听说教学等。孔子学院现在所取得的成绩是建立在前任教师们的辛勤汗水之上的，我也愿意成为这一光荣使命的接力者，将一个更好的孔子学院传给继任者。

## 我的英国生活体验

在兰卡斯特大学工作生活，丰富多彩的文化活动让我经历了很多的"第一次"，使我有机会近距离地观察英国人的生活和风俗习惯，了解英国的历史和文化。

2016 年兰卡斯特市 Light up 活动中孔子学院参展作品

每年的 11 月 5 日，英国各地都会举行庆祝 Bonfire Night 的活动。傍晚时分，兰卡斯特大学会在校区广场举办活动，除了各种歌曲演唱、小吃品尝，还有焰火表演等。在市区，Light up 活动更是精彩纷呈。我们孔子学院每年都会积极参与兰卡斯特市政组织的这项活动。很多家庭一家老小会从一个活动场地到另一个场地，饶有兴致地观看各种表演，小朋友更是兴致勃勃地参与一个又一个的活动。你会发现，原来英国人同中国人一样，逢年过节的时候喜欢与家人一起走出家门感受节日气氛。

兰卡斯特大学会对有意报考兰卡斯特大学的中学生举办开放日活动，全面介绍学校各专业，欢迎学生报考。家长们会开车从英国各地赶来，带着孩子前往感兴趣的学院进行专业咨询，那认真紧张的劲头一点儿也不输于

我和李雪莲老师一起参加大学Language Enrichment活动

中国的家长们。而在学校举办的 Language Enrichment 活动中，我们会作为语言与文化学院的一员参加，为中小学生开设一次语言文化课，由此可以感受到大学对自我宣传的重视。

每年夏天，兰卡斯特大学会与约克大学联合举办全欧洲最大的校际体育竞赛，比赛地点每年在约克和兰卡斯特之间轮换。2016年恰逢兰卡斯特大学作为主场，借此机会，我不仅了解了英国兰卡斯特家族与约克家族的历史，还观看了一些英国人喜爱的体育运动，如英式橄榄球、单

兰卡斯特大学队与约克大学队的英式橄榄球比赛

人皮艇、击剑等，见识了种类繁多的俱乐部，感受到了英国人对体育运动的热爱。

为了教学方便，我们几位在兰卡斯特孔子学院工作的教师都选择了在兰卡斯特大学校区居住。由于彼此住所距离较近，我们相互的联络交流非常方便。周末天气好的时候，我们会相约拉着推车步行一个小时到镇上超市去购买下周生活的必需品。一路上，我们一边闲聊一边欣赏沿途的景色，还锻炼了身体，真是一举三得。有时候碰到某个学院组织的一日游，我们也会一起报名参加。结伴游览的同时，一起欣赏英国的美景，领略英国的文化。例如2016年4月的Stratford-Upon-Avon之行，刚好赶上庆祝莎士比亚诞辰400周年的大游行，让我们大开眼界。遇到节假日，我们会轮流到各家聚餐，无论请客还是AA，各位老师都会拿出看家本领来招待大家，觥筹交错，谈笑风生，在笑声中我们洗去了工作的辛苦，也加深了彼此的感情。在异国他乡能组成这样的孔子学院大家庭，我心中十分庆幸，孔子学院的每一个人都认真勤奋地工作着，彼此能够包容体谅，大家才能齐心合力携手共进。

一年春去春又来，还有半年我就要结束在孔子学院的对外汉语教学工作。回望这一段历程，感慨万千，有艰难困苦，也有欣喜开怀，更重要的是经历本身所带来的各种感悟和收获，相信所有拼搏努力过的人都有共鸣。与此同时，我要感谢同

在张凤春院长家包饺子

事们给予的关怀和帮助，使我能够坚强地面对，并勇敢地克服困难。艰难、收获、感恩是我为这一段孔子学院工作生活所做的总结，它锻炼了我的意志，开阔了我的眼界，丰富了我的人生，也让我更加清楚地认识了自己。在这里，我可以大声说出：孔子学院之行，不虚此行！

# 享受文化差异

文化传播使者

孔子学院教师故事

张双

德国慕尼黑孔子学院汉语教师

慕尼黑是德国巴伐利亚州的首府，是德国南部最大的城市，也是德国第二大经济中心。慕尼黑孔子学院于2009年设立于此，由北京外国语大学与德国慕尼黑东方基金会共同建设。由于外方合作单位不是高校而是基金会，慕尼黑孔子学院在汉语教学和文化活动等各方面都独具特色，主要体现在受众群体上，教学对象主要是社会人士，也有少部分大中小学生，还有一些想学汉字的华裔。虽然学生年龄水平不一，学习目的也不尽相同，但他们都对汉语十分感兴趣，这种现象对于已有多年汉语教学历史的慕尼黑来说，十分难得。而文化活动的推广也大多在不同的社区举

德国的象征：新天鹅堡

行，种类多样且面向全社会开放，一般盛大且隆重，需要充分的前期策划和准备。由于常年推广和不断改进，慕尼黑孔子学院的文化活动在当地已经形成一定的规模和影响力，每年定期举办的大型文化活动众多，比如：慕尼黑华语电影节、文化沙龙、著名作家读书交流会等。

与学生参加慕尼黑孔子学院组织的第五届慕尼黑华语电影节

著名作家刘震云在慕尼黑之行的读书会活动

选择来慕尼黑当汉语教师只是单纯因为喜欢这座城市，三年前我第一次来慕尼黑的时候便被它深深吸引。与德国其他城市不同，这儿既有深厚的文化底蕴和独特的巴伐利亚传统，也有阿尔卑斯旖旎的湖光山色，更是一座不会给人压力的慢节奏大都市，毕竟人们可以随时随地坐下来喝杯啤酒，放慢自己的脚步。

## 初来乍到

慕尼黑是个外来人口众多的多元化大城市，城市包容性极强，虽然英语普及度很高，但德语仍旧是强势语言，这对于有过好几年海外汉语志愿者工作和生活经历但不会说德语的我来说，在这儿生活和工作依旧是个巨大的挑战。租房便是我首要解决的问题。在来德国的前两个月我便开始上网找房子，因为很早就听说慕尼黑是全德国最难租到房子的城市，因为人口多，房源少，房价高。即便提前准备，在网上找房也一无所获，刚到慕尼黑时只好先住在同事的房子里。

阴雨连绵的下午，在网上写了无数封求租邮件后，我终于收到了一封回复。房东约我当天下午四点去看房，我满心欢喜出门赴约。当我沿着谷歌地图到达约定的地点时，我被眼前的一幕惊呆了，在房东的办公室门前站着七个面色焦灼的年轻人，看来他们也是在等待看房。四点整房东准时从办公室走出来，带我们一行十人一起去看了房子，这个房子在一栋老式的建筑顶层，楼梯的扶手上的木屑已经快掉光，但每天来来往往看房的人让这栋楼显得并不那么冷清。房间很小，大概15平方米，里面只有少许家具，房东并没有热情地给我们介绍房间，也似乎并不想极力说服我们其中任何一个把它租下来，只是打开门，让我们进去，说我们有三分钟的时间看房，看完以后，他锁上门，说想租的可以留下，不想租的可以回家了。房东办事迅速高效，一点儿都不拖泥带水，也不浪费任何人的时间，这便是这位土生土长的德国房东给我留下的第一印象。我们选择留下的人被他带到了办公室后院的一个像仓库一样的小房子，逐一等待着被他叫到办公室面试！其实我并没有意向租这套房子，只想问一下房东手上还有没有其他房子可供选择，没想到他让我回小仓库等待，说要排队，于是我因为这个一分钟就可以解决的问题整整等了三个小时。这便是我来慕尼黑以后遇到的第一次冲击，德国人的严谨和循序渐进果然名不虚传。幸运的是房东把他手里的一间单身公寓租给了我，据说是因为我是汉语老师，他很喜欢中国人，他也相信我不会把他的房子弄得乱七八糟。把钥匙交给我之前，他也不忘黑一下中国菜，提醒我别做太油腻的菜把他的厨房弄得到处都油腻腻的。更让我惊讶的是慕尼黑的租房市场每天都在上演着这样的一幕，租房也像找工作一样面临着激烈的竞争，房东和房客之间更是双向选择，有钱也不一定能租到房子。

## 与学生的思想碰撞

住房问题解决以后，工作和生活很快进入正轨。德国汉语教学历史已有些许年头，汉语说得流利的德国人越来越多，恰好我在慕尼黑孔子学院负责高级班的课程，学生大部分是社会人士，他们都学了3~5年的汉语，汉语水平在HSK 5级左右。有一次上课我们讨论"整容"这个话题，我问："结婚以后，你无意发现你的爱人居然整过容，你会怎么想/做？"学生们一脸惊讶："要做什么？要吵架吗？要离婚吗？"我很惊讶，问道："TA没有主动告诉你，难道你不会觉得被骗了或不被信任吗？"学生一一说出他们的想法："TA为什么要告诉我，这是TA

高级班的学生正在讨论

的隐私。""TA有没有整容和我一点儿关系也没有,我也不关心,因为那是以前的事了。""我们虽然结婚了,但每个人都是一个个体,TA没有必要什么都告诉我,TA有权利有自己的秘密。"这是我第二次遇到冲击,虽然欧美人常常以个人为中心,重视个人利益,但从另一个角度来看,他们更独立,对其他人的依赖较小,这使得他们在生活中少了很多烦恼,也懂得互相尊重,对人与人之间的相处也似乎看得更透彻。

  德国人的独立和自我还体现在他们对待工作和生活的态度上。工作是工作,生活是生活,德国人区分得很清楚,工作的时候就专心工作,当工作结束回到家,不会再想工作上的事,而是专心享受与家人在一起的放松时光。德国也甚少有像中国、日本等亚洲国家那样的聚餐文化,这让刚来德国且语言不通的我十分不适应。我们习惯下班后和同事一起出去聚餐,拉近距离,增进彼此间的感情,好互相有个照应,而在德国却很少见,当然这并不代表他们从来都不聚餐,下班以后是路人。保持一定的距离但又维持有效的沟通是德国人的习惯,对一些人来说可能少了点人情味,但来德国工作一段时间后,我越发觉得这种相处模式是保证工作效率和质量的有利条件之一,毕竟没有那么多"人情债"要还,也不会出现熟人和小团体之间的袒护,而是能够公平对待和处理问题,对事不对人,保证任务有效而圆满完成。

## 文化活动丰富多彩

  除了教学,慕尼黑孔子学院还会组织大量文化活动。文化活动是与慕尼黑市民直接沟通的桥梁,能在活动中迅速了解到他们对中国传统文化的见解,也能进一步发现德国人独有的个性。当见到栩栩如生的皮影艺术,他们会发自肺腑地感叹中华文化的博大精深;当看到十三四岁的杂技演员因为常年练习杂技个子小得看起来只有七八岁的样子时,他们会心疼得流下眼泪;当听到我们自豪地提起中国的茅台和二锅头,他们会傲娇地表示这些都不如德国的啤酒;等等。德国人一直是如此的直接,他们总能直接地表达出自己的真实感情,也能一视同仁不带任何偏见地

杂技表演

客观评价事实，这种直接源于对差异的包容和开放，也源于自身的自信。

在工作中也是如此，犯错是不可避免的，当我们不小心犯错或者没有做好某项工作时，德国领导总是直接地指出我们的问题和错误，并告诉我们下次不能再错。批评结束，这件事也就结束了，绝对不会因为常常犯错而否定我们的其他能力。

虽然工作量大，但我们孔子学院良好地秉承了德国人的做事风格，就是提前计划。德国人常常很早就把当年甚至是第二年的行程安排好，人手一个日历本，每天要做什么一目了然，目标非常明确，所以时间利用效率也很高。孔子学院也是如此，提前计划，有条不紊，绝对不会有突然被叫去加班的情况。这是我来德国后的最大收获之一，当学会计划行程，会发现自己的时间利用效率激增。

在国外工作和生活是一个十分有趣的经历，随时能感受到文化差异带给你的惊喜，也能快速地在日常生活中获得有用的技能。在德国尤其如此，虽然来德国的时间并不长，但在这儿的种种经历时刻在改变我对德国人的刻板印象，也让我能深入地了解这个国家，发现其魅力之所在，更让我愈发热爱自己的职业，也希望我能把中国优秀的一面留在德国。

# 怀着感恩的心继续前行

赵建楠

英国兰卡斯特大学孔子学院汉语教师志愿者

2014年10月,我顺利通过了2015年上半年孔子学院总部/国家汉办举办的汉语教师志愿者的选拔,因为受到我的任课老师安然院长(旅英10年的海归)、刘程副院长(兰卡斯特大学孔子学院首任中方院长)的感染,让我对英国、对兰卡斯特大学孔子学院充满了向往,当时在填报志愿时,我毫不犹豫地选择了英国兰卡斯特大学孔子学院。

## 进行中

2015年6月,我顺利抵达英国布莱克浦市(Blackpool,又译为"黑池"),这是英国西部著名的海滨城市、度假胜地,也是英国著名的"Come

布莱克浦街景

Dancing"的总决赛城市。

刚开始志愿者工作时,要去当地3所小学工作(安科斯霍姆小学、侯塞小学、滑铁卢小学),每所小学汉语学习的人数不同,汉语水平不同,课程安

与孔子学院中方院长张凤春、国家公派教师王恒、石英在安科斯霍姆小学孔子课堂合影(右一为作者)

排也不一样。后来调整工作了,我固定在安科斯霍姆小学上课。安科斯霍姆小学是兰卡斯特大学孔子学院建立的第一个孔子课堂,于2015年5月揭牌成立。在那里,学生们把汉语作为唯一的一门外语来学习。

从简单的"你好",到"我爱爸爸妈妈",再到"母亲节",每个孩子试着用中文给妈妈写一封信……一幕幕感人而真实的场景在我脑海中浮现。我本科专业是汉语言文学,学习了四年的汉语,研究生跨专业报考了新闻传播学。在我看来,教学是一种传播,如何把自己的专业知识运用到工作中,即如何做好汉语推广工作,让世界了解中华文化,是我在英国工作时一直思考的问题。

黑池华人协会举办中秋节活动

语言是文化的一部分,学好语言就是搭建了一座了解异乡文化的桥梁,多一分了解或许就能少一分误解。在过去的一年里,我们课堂的汉语教学团队研究并开展了"语言+文化"的教学模式,除了推广汉语教学,还试

着开展一些文化专题，让英国的孩子了解中国文化。专题内容包含中国传统节日（春节、清明节、端午节、中秋节等）的文化习俗、中国当代建筑和传统建筑的展示、中国饮食习惯和风俗、中国少数民族风情和中国传统民族服饰等。事实证明，这一模式是有效的、成功的。现在，安科斯霍姆小学的孩子们能准确地告诉你，中秋节是 Family Festival，全家要团圆、赏月、吃月饼；中国有鸟巢、水立方，有熊猫、金丝猴；如果冬天去中国，可以见到冰雕。

除了在安科斯霍姆小学工作外，我还承担了黑池市华人学校的教学工作，任课对象是当地的华人孩子，年龄从六七岁到十三四岁不等，他们每周日要去 Sunday School 学习中文。我在英国几乎没有在周末双休过。在华人学校教课，虽然辛苦，但是快乐。他们很渴望学习汉语，也希望以后回中国看看。

在英国的一年，虽然远离祖国，却生活在一群"中国通"中，时常感受他们浓浓的中国情。在黑池市，除了两名国家公派教师王恒和石英老师，其余的同事都来自英国。安科斯霍姆小学校长 Mr. Graeme

两名本土志愿者在给学前班的小朋友上汉语课

Dow 是位中国迷，来过中国很多次，对汉语的推广做出了很大的贡献。两名当地汉语志愿者 Harriet 和 Sammy，一个是精通英语、西班牙语的英国人，一个是土生土长的 BBC（英籍华人），她们工作起来十分敬业。我住在当地的英国人家里，房东太太到过中国旅游，她的大女儿在北京学习过汉语；房东大爷则是每天都关注中国动态，有什么新闻都会告诉我，例如，中国香港遇到台风了、中国举行阅兵了、BBC 在转播中国新年节目……

在过去的一年中，除了肩负汉语教学、文化传播的任务外，我自己也感受到巨大的文化冲击，了解了不少英国当地文化。我养成每天看新闻、写日记的习惯，试着去记录文化差异。

## 后记

教育是一项润物细无声的工作，海外文化推广任重而道远。现在，这些英国的学生们还很小，但是10年、20年后，他们或许会来到中国，成为中英沟通的桥梁。

目前，我在华南理工大学国际教育学院做汉语教师，担任语言生A5班的班主任。我们班的学生来自20多个国家，他们都是第一次来中国，刚开始接触汉语，在学习上和生活上会遇到困难。看到他们，我就想到自己初到英国时的情景，一路上我得到了很多帮助，逐渐适应了当地的生活。怀着感恩的心情，我想把这份情感传递下去。对每个来华的留学生说："谢谢你学汉语，中国欢迎你。"我的心中一直有个愿望，希望汉语推广事业越做越好，汉语可以成为局部区域甚至世界性的媒介语言。

如果，赵启正先生再来华园开一场讲座，我应该还是那个积极的思考者。因为，有一种感情叫爱中国，有一种精神叫志愿者。

# 在路上，在孔子学院的路上

文化传播使者 / 孔子学院教师故事

## 周丹

英国兰卡斯特大学孔子学院汉语教师志愿者

我是周丹，华南理工大学新闻与传播学院研三的学生。目前，在英国兰卡斯特大学孔子学院工作满三个月。

## 在孔子学院工作

兰卡斯特大学孔子学院是由华南理工大学与兰卡斯特大学合作共建，于2011年12月20日启动运行。用一句话来描述：兰卡斯特大学孔子学院是旨在提供汉语教学和传播中国文化的非营利机构。换句话说，作为志愿者，我们的工作就是对不同层次、不同背景、不同目的的学生

暑期针对小萌娃的夏令营

进行汉语教学以及组织各式各样的文化活动。这也意味着我们需要具备汉语教学的基本能力、中国传统文化知识和技能、活动策划技能、宣传设计技能等。

### 汉语教学

作为一个非对外汉语教学背景的人来说，这是最大的挑战。

一次次听课、试讲、做功课到正式站在讲台面对学生，中间经历了很多。但是在课间有小朋友拿着糖送给我并说"You are a good teacher!"时，我的眼里瞬间充满了泪水，导师总絮叨的"教师是一份非常有成就感的工作"这句话似乎又出现在眼前。

除了常规的课堂教学之外，我们的汉语教学还包括 Chinese Café、Language Partner、Chinese Film 等形式。例如 Language Partner 活动，我们会通过准备一些食物，租借一个场地和开展主题活动等搭建一个平台，组织相关的汉语学习者和兰卡斯特大学里的中国学生、学者结成语言伙伴。这些活动让我们从另外一个角度了解教学对象，也给了我们很大的自由去提升汉语课堂教学效果。

除了汉语教学，还有各种中国传统文化的教学。在孔子学院工作，为了更好地推广中国传统文化，我跟身边的老师修炼了茶艺、剪纸、水墨画、书法、武术等各种技能！

### 文化活动

在孔子学院工作，文化活动的组织是不可缺少的部分。

来兰卡斯特大学孔子学院之后的第一场大型活动——"中国画家笔下的不列颠"画展 VIP 开幕式结束后，晚上躺在床上，我激动得翻来覆去睡不着，爬起来精神奕奕、洋洋洒洒地写了几千字的总结。以前无论是做学生还是实习，一场活动中能负责的仅仅只是一小部分，所能犯的所有错误都在一个可控的范围之内，无论多认真去检查，其实潜意识里都知道反正上面还有师兄师姐，大不了还有领导，还有导师，反正他们会改过来的。但是在孔子学院工作，由于人手和工作内容等各方面的问题,每场活动,你得沉下心来,从最细枝末节的每幅画名称的中英文翻译到整个大的活动流程,都得一清二楚,并且确保每一个环节都不出错。一场活动办下来,必须能够做得了设计,写得了稿子,拍得了照片,剪得了视频……

画展中朦胧的英方领导,像妈妈一样的大家长

　　作为一个技术盲,我万万没想到自己有一天会做 invitation、post card、leaflet、poster……当然,也并不是一切都是一帆风顺的。例如做的第一批 post card,每幅画都特别大,不能直接在普通的机器上扫描,相机拍出来的效果并不理想,后来想办法将画拿到图书馆大型设备上扫描,然而扫描出来的画的颜色特别深,想也没想直接就放在了明信片中。等成品出来之后才发现问题,我们外方院长拿着明信片晃晃悠悠地过来逗我"我跟你'港',这是要扣工资的……"好吧,"扣工资"以后

为正在作画的画家拍摄留影

就成了每次设计作品出来的一个梗，不过后来也是外方院长拿着我设计的 leaflet 跑过来说："不错啊，看起来很专业啊，很不错！"我也就是在办公室大厅里大笑着又蹦又跳地耍了两圈吧。

## 生活在兰卡斯特

### 兰卡斯特的环境

兰卡斯特是位于英国西北部的一个小镇，面积 222 平方英里，人口只有不到 5 万人，我们戏称为"兰村"。兰村是一个历史悠久的老城，听房东说我们居住的房子都有两三百年的历史了，更别提位于镇中心建于 12 世纪的城堡了。

兰村环境优美，放眼望去大片大片的绿，每家每户房前屋后的小花园也是美极了！在这个羊比人多的城市，各种各样的动物与人和谐地生活在一起。有一次和英国同事一起在校园里看见一只松鼠，我激动得手舞足蹈，问对方是不是真的，他对此在办公室里笑了一整天。兰卡斯特大学是一个巨大的绿色花园，走两分钟眼前就会出现大片大片的草地，阳光正好的时候会有很多人在草地上看书、野餐和运动。

超赞的 24 小时开放图书馆一角

夜晚的兰卡校园

## 兰村的人

兰村生活节奏很慢，居民也很友好。好几次都有好心人带我去我要去的地方了，小师妹"认真地"告诉我："师姐，我宣布你的奇遇记可以写一本书了……"另外，这里大部分公交车司机都非常友好，会主动跟乘客打招呼，并且还会挨个给乘客找零钱，等所有人坐下之后再开车。记得第一次早上晕晕乎乎地坐公交车到学校时，听到司机跟我说"早上好"时，简直怀疑自己听错了！有时晚上坐车回家，司机还会问候你今天过得怎么样，当然，你懂的，还有万年不变的话题——天气梗。

在兰村的生活是非常舒适的。住家男主人是地道的英国人，女主人是中国人，每天看他们的互动好玩极了，每天都是跨文化沟通小课堂。女主人是典型的贤妻良母，自从住在他们家之后我的生活技能每天蹭蹭地往上涨，我现在已经学会了用八种不同方法清理地毯上的头发。男主人是大学教授，非常热心，教会我很多语言学习方面的技巧，并且会对我的论文、工作、人生、职业规划等各个方面提出非常有建设性的建议。

生活在兰村，所有人之间是同事，更是亲人。和英方领导与同事在一起工作，就像生活在爱的海洋里，每天都能听到各式各样的称赞和鼓励，整个身心都是愉悦的。工作之余，大家在一起聊人生、聊理想、聊爱情，小到工作小 tips 大到人生道理……大家在一起举办每个人的生日派对、一起分享各种美食（我到现在都记得陆老师的好看的花盘子以及媲美餐厅的烙饼）、一起散步、一起逛街、一起游泳、一起搬家、一起见彼此的家人朋友……值得一提的是，有个会做饭的中方院长也是不能太赞！在英国"黑暗料理"的耀眼光环之下，到现在为止已经尝到了院长的手工水饺和包子，还有一绝的红烧排骨、凉菜、各种汤……好吧，口水又不争气了……

## 写在最后

转眼之间已经在兰村三个月了，这三个月确实让我发现了新的自己。在国内学习和工作的过程中，知道自己看的是什么、说的是什么、做的是什么，知道怎样做才能把事情做好，并且也知道怎么可以边偷懒边把事情做好。来兰村之后，由于语言、文化、工作等各方面的因素，必须打起十二分精神来迅速适应生活环境、接手工作，这是挑战，也是收获。

工作在孔子学院、生活在兰村，短短两千字的只言片语不足以表达我的感动与收获。主题来得猝不及防（套用飞燕的话）——孔子学院汉语教师志愿者，你值得拥有！